긍정적인 삶을 위한 유쾌한 해답

내 안의
행복찾기

편집부 엮음

도서
출판 예가

짧다면 짧고 길다면 긴 인생을 살아가면서 우리는 누구나 행복하고 유쾌한 삶을 바라지만 그런 인생은 말처럼 쉽지 않다. 대부분 초등학교 시절부터 과열된 경쟁속에서 자라며 성인이 되어서는 취업난에 허덕이게 되고 한 가정을 이루면 어깨에 무거운 짐을 짊어지고 한 평생을 살아간다.

그렇다고 해서 모두 불행한걸까? 사람마다 가진 마음가짐과 행동에 따라 인생이 즐거울 수도 있고 지옥과 같이 불행 할 수도 있다. 누구에게나 인생의 역경과 고난이 있을 수 있지만 그런 고난들을 지혜와 긍정적인 마인드로 헤쳐 나간다면 유쾌한 삶이 되지 않을까?

각자가 가진 생각과 마음가짐에 따라 인생이 얼마

나 달라지는지는 이 책을 통해서 충분하게 느낄 수 있다. 특히 현대인들은 빠른 시대의 변화와 문명의 스트레스로 인해 지치고 병들어 간다.

또한 일중독에 빠져서 사는 사람들과 자신이 만들어낸 실패를 인정하지 못하고 괴로워 하는 사람들도 많이 있다. 지나친 경쟁사회가 만들어낸 산물인 것이다.

남들보다 좀 더 앞서간다고 해서 혹은 돈이 많다고 해서 모두 똑같이 행복하진 않다. 다른 무엇보다 마음이 편안하고 행복해야 진정한 행복이라 할 수 있다.

지금 당장 해결되지 않는 일들은 잠시 제쳐두고 어디든지 떠나 당신만을 위한 휴식을 취해 보라! 그러면 문제만 보이던 세상과는 다른 세상을 보게 될 것이며 인생의 또 다른 즐거움도 찾을 수 있을 것이라 확신한다.

Contents

PART 01
마음을 행복하게 만드는 10가지 방법

- 생각, 그 자체가 당신 자신이다 12
- 부드러운 대답이 노여움을 푼다 20
- 미워하면 그 미워함에 다친다 26
- 받을 걸 기대한다면 베풀지 마라 34
- 고민을 세지 말고 축복을 손꼽아라 42
- 원수를 사랑하라 52
- 자기 자신이 되자 58
- 레몬과 레몬주스의 차이 68
- 14일 동안에 고민을 해소하는 방법 78
- 오늘 만큼은 84

PART 02
즐거움을 맛보는 법

- 유쾌한 생활을 하려면 92
- 생활을 바로 보자 98
- 사고방식을 고쳐라 104
- 즐거움으로 가는 길 110
- 나쁜 습관은 거울에 비쳐보라 118
- 나날을 즐겁게 124

PART 03
일하면서 휴식을 취하는 법을 터득하라

- 틈나는 대로 쉬어라 130
- 피로는 눈의 긴장으로 시작된다 138
- 수다 떨 상대를 가져라 146
- 젊음을 유지하는 몇 가지 방법과 운동 152

PART 04
피로와 고민을 물리치는 방법

- 책상엔 당장 필요한 서류만 놓는다 162
- 중요한 일부터 처리한다 168
- 문제는 그 자리에서 처리한다 172
- 대통령은 한가해야 한다 176
- 남편보다 남자친구가 더 좋은 이유 180
- 아침마다 자신을 후려쳐라 190
- 불면증을 치유하는 5가지 방법 194

Contents

PART 05
인생을 다스리는 법

- 무섭게 집중하라 206
- 해야 할 일은 즐겨라 212
- 아주 단순한 목표에 집중하라 218
- 두려움을 생각하지 말라 224

PART 06
하루하루 목표를 가져라

- 당신의 시계는 빨리 가는가 232
- 생산적인 일의 기쁨 238
- 당신의 시간을 즐겁게 보내라 244
- 매일 목표를 가져라 250
- 행동의 기쁨 256
- 당신에게 즐거운 사람들 260
- 자아상의 행복 264

PART 07

실패를 극복하라

- 당신의 마음속은 전쟁터 272
- 자신을 평가절하 하지 말라 276
- 실패 구조를 쳐부숴라 282
- 실패를 극복하자 294
- 누구나 실패하고 패배 한다 298

PART 08

믿음대로 살아라!

- 바람직한 삶의 태도 306
- 최고의 친구는 '나' 310
- 거울 뒤의 진정한 내 모습 314
- 오늘을 충실하게 320

PART 01

마음을 행복하게 만드는 10가지 방법

10 ways to make you feel happy

생각,
그 자체가
당신 자신이다

10 WAYS TO MAKE YOU FEEL HAPPY

당신은 자신이 생각하는 그런 당신이 아니다. 생각 그 자체가 바로 당신인 것이다. 인간의 정신적인 태도는 그 인간의 육체에 대해서도 거의 믿을 수 없을 만큼 커다란 영향을 미친다.

로마 제국의 위대한 철학자 마르크스 아우렐리우스는 인생을 이렇게 간단히 요약했다.

'내 인생은 나의 사고(思考)로써 만들어 진다.'

그렇다. 만일 당신이 즐거운 생각을 한다면 행복한 사람이 될 것이고, 불행한 생각을 한다면 불우하게 될 것이며, 무섭다는 생각을 가진다면 두려움에 떨 것이고, 병에 대한 생각을 한다면 병약하게 될 것이다. 만약 당신이 실패를 생각한다면 확실히 성공하지 못할 것이며, 당신이 자기혐오에 빠지게 된다면 다른 사람들 모두 당신을 피하고 멀리 할 것이다.

「적극적 사고방식」 저자 노먼 빈센트 필은 이런 말을 했다.

'당신은 자신이 생각하는 그런 당신이 아니다. 생각 그 자체가 바로 당신인 것이다.'

인간의 정신적인 태도는 인간의 육체에 대해서도 거의 믿을 수 없을 만큼 커다란 영향을 미치는 것이다.

영국의 유명한 정신병리 학자인 J. A. 하드필드는「힘의 심리」라는 저서에서 이런 사실을 설명하고 있다.
그는 세 남자에게 힘껏 악력계를 누르게 했더니 평균 악력이 101파운드가 나왔다. 그런 다음, 그들 모두에게 '당신의 손아귀 힘은 약하다'라는 암시를 주었다. 그리고 다시 악력계를 누르게 했더니 그들의 평균 악력은 겨우 29파운드로 보통 때에 비해 3분의 1이하의 수치가 나왔다. 세 번째 테스트는 '당신의 손아귀 힘은 매우 강하다'라는 암시를 준 후 측정해 보았는데, 평균 악력은 142파운드에 달했다는 것이다. 다시 말하면 그들의 정신력이 '자신은 강하다'는 적극적인 관념으로 충만 되자 육체에서 생겨난 힘이 더 증가했던 것이다.
이 실험에서 알 수 있듯이 이것은 우리 정신력에서 비롯된 초자연적인 힘인 것이다. 또 다른 예로 도무지 인간의 머리로는 그 이유를 설명하기 힘든 변화를 겪었던 한 신경쇠약증 환자의 이야기를 들어보자.
나는 모든 일로 걱정했다. 내가 지나치게 말랐다는 생

각에 걱정 했고, 머리카락이 빠져 대머리가 될까 걱정했고, 결혼자금을 모으지 못해 어려움을 겪게 될까 걱정했고, 위암에 걸릴 것 같다는 고민 등으로 내 자신을 괴롭혔다. 그러다보니 모든 일에 자신이 없어지고 일이 전혀 손에 잡히지 않게 되어 다니던 회사도 그만두게 되었다. 하루하루가 고통스러웠고 초조함은 배가 되어 안전핀이 없는 보일러처럼 점점 긴장의 압력이 내 육신을 압박해 끝내 폭발하고야 말았다.

나는 심각한 신경쇠약에 걸리게 된 것이다. 그래서 제 아무리 대단한 육체적 고통이라고 할지라도 고민에 휩싸인 마음의 고통에 비한다면 별 것 아니라는 생각이 들 정도였으며 신경쇠약이 너무도 심했기 때문에 집안 식구들과도 이야기를 나눌 수 없을 지경이 되었다. 말하자면 사고의 조절 능력을 상실한 것이다.

나는 근원을 알 수 없는 공포에 사로 잡혀서 조금만 이상한 소리가 들려도 깜짝깜짝 놀랐고, 사람들을 마주 대하기조차 싫어져 그들을 피했다. 또한 아무런 이유도 없이 슬픔이 복받쳐 올라 소리 내어 울부짖게 되는 일도 있었다. 고민은 날이 갈수록 심해졌고, 그로 인해 나는 이 세상 모두에게 버림받았다는 생각이 들었으며, 심지어는 강에 뛰어들어 죽어버리고 싶은 충동에 사로 잡혔다.

그러던 어느 날, 플로리다로 떠날 결심을 했다. 생활환경이 바뀐다면 마음이 달라질지도 모른다는 생각이 들었기 때문이다. 내가 플로리다 행 기차에 올랐을 때 아버지는 나에게 한 통의 편지를 쥐어 주시면서 플로리다에 도착하기 전까지는 펴보지 말 것을 당부했. 플로리다에 도착했을 땐 관광 시즌이라 호텔들은 모두 만원이었고 하는 수 없이 아는 사람의 차고를 간신히 빌려서야 잠자리를 해결할 수 있었다. 나는 취직을 결심하고 마이애미와 플로리다를 왕래하는 부정기 화물선의 일자리를 알아보았다. 그러나 그것도 여의치 않아서 그냥 플로리다의 해변에서 수영을 하거나 일광욕을 하면서 하루하루를 보내게 되었다. 하지만 고향에 있을 때와 마찬가지로 조금도 나아지지 않았음을 느낀 어느 날 문득 아버지가 준 편지가 생각나서 뜯어보게 되었는데 거기에는 다음과 같은 말이 적혀 있었다.

「아들아, 너는 지금 집에서 1천 5백 마일이나 떨어져 있지만 네 자신이 달라졌다는 느낌을 받을 수 없을 것이라고 생각한다. 왜냐하면 너는 네 고민을 그대로 몸에 지니고 갔기 때문이다. 내 생각에 고민의 시작은 바로 네 자신이라 생각한다. 네가 직면하고 있는 상황이나 아무런 이상이 없는 심신이 너를 괴롭히는 것이 아니라, 쓸데없는 고민들로 인해 네 생각이 너를 해친 것이다.

'사람의 생각, 그 자체가 바로 그 자신이다.' 네가 이 사실을 깨닫게 된다면 돌아 오거라. 너의 병은 분명히 나을 것이다.」

아버지의 편지를 읽고는 화가 치밀었다. 내가 구하고자 했던 것은 동정이지 교훈이 아니었기 때문이다. 나는 몹시 흥분하여 다시는 집으로 돌아가지 않겠다고 결심했다. 그날 밤 골목길을 걷고 있을 때 마침 교회에서 예배가 진행되고 있었고 특별하게 갈 곳도 없었으므로 교회 안으로 들어갔다. 교회의 딱딱한 나무 의자에 앉아 '자기 자신의 마음을 극복하는 사람은 한 도시를 점령한 사람보다 강하다'는 성경 구절에 대한 설교를 듣게 되었다.

교회에 앉아 아버지께서 편지에 썼던 것과 비슷한 설교를 듣고 있자니 뇌로부터 축적된 먼지들이 쓸려내려 가는 것을 느낄 수 있었다. 생전 처음으로 사물을 분명하게 파악할 수 있게 되었으며, 내 자신이 어리석었다는 것을 깨닫게 되었다. 나는 그때까지 모든 사람들의 생각이 바뀌어야 한다고 믿었었다. 그러나 바뀌어야 했던 것은 바로 나의 마음이었고, 그것이 카메라 렌즈의 초점이었다.

다음날 아침, 나는 고향으로 돌아왔다. 그리고 1주일 뒤에는 전에 다녔던 일자리로 다시 복직했으며, 그로부터 4개월 후에는 실연당하지 않을까 염려했던 여자친구와 결혼했다. 지금은 중소기업의 이사로 재직하며, 아내와 아이들과 함께 행복하게 잘 살고 있다. 말하자면 물질적으로나 정신적으로 긍정적인 생각이 충만한 것이다.

하지만 가끔은 불안한 생각이 피어오를 때가 종종있다. 그러면 나는 '마음을 카메라의 초점에 맞추라'고 내 자신에게 충고하면 모든 것이 해결된다. 지금 생각해보면 내가 신경쇠약에 걸렸던 것은 천만다행이었다. 그 덕분에 인간의 사고력이 인간의 마음과 육체에 얼마나 강한 힘을 미치는지를 뚜렷하게 알 수 있게 되었기 때문이다.

부드러운 대답이
노여움을 푼다

10 WAYS TO MAKE YOU FEEL HAPPY

우리는 원수를 사랑할 정도의 성자는 아니지만 우리 자신의 건강과 행복을 위해 원수를 용서하고 잊어버릴 수는 있을 것이다. 그리고 이것을 실행하는 것이 바로 현명함이요, 지혜이다.

'일곱 번의 칠십 배까지 용서하라' 는 말이 있는데, 실제 인간 경영에서도 대단히 효과적이다. 2차대전시 오스트리아 출신 변호사 게오르규 로나의 경우를 예로 들어보자.

그는 비엔나에서 변호사를 개업하고 있었는데 제 2차 세계대전이 터지자 스웨덴으로 피난을 갔다. 그러나 생활이 어려워 일자리를 구하지 않으면 굶어야 할 형편이었다.
그는 여러 나라 말을 잘 구사할 줄 알았기에 무역회사에 취직하여 통신원으로 일하고 싶었다. 그래서 이력서와 스웨덴어로 쓴 간단한 자기소개서를 여러 무역회사에 보냈다.
그러나 대부분의 회사들은 전쟁 중이라 재정이 어렵다는 이유로 이력서를 되돌려 보냈다. 이력서가 하나 둘 되돌아올 때마다 게오르규는 기분이 언짢았다. 그러던 어느 날 한 무역회사로부터 날아온 편지는 그를 더욱 화나게 만들었다. 그 편지를 읽는 순간 게오르규는 부들부들 떨며 한 손으로 책상을 세게 내리쳤다. 편지의 내용은 이랬다.

'……당사는 지금 통역사가 필요 없습니다만, 만일 필요하다고 하더라도 당신을 채용할 생각은 조금도 없습니다. 당신은 스웨덴어가 능숙하지도 못하고, 당신의 편지 역시 오자투성이었습니다.'

'오자투성이라니! 말도 안 되는 소리를 지껄이고 있군. 이런 무식한 것들! 자기들이야말로 오자투성이가 아닌가!'

게오르규는 본때를 보여줄 결심을 하고 펜을 들었고, 편지 당사자를 비난하는 내용의 글을 쓰기 시작했다. 그러다 편지를 써내려가면서 화가 누그러지더니 다시 생각하게 되었다.

'그래 참자. 어쩌면 이 사람 말이 맞을지도 모른다. 내

딴에는 스웨덴어를 공부하느라고 했지만 모국어가 아닌 마당에 내가 미처 몰랐던 것이 있었겠지. 취직을 하려면 스웨덴어를 좀 더 배워야겠다. 그렇다면 부족한 점을 지적해준 그의 호의에 감사해야 할 것이 아닌가. 그에게 감사의 편지를 보내는 것이 나의 도리이다.'

게오르규는 지금까지 썼던 편지를 찢어버리고 다음과 같은 감사의 편지를 썼다.

'귀사에서 통역사를 필요로 하지 않음에도 불구하고 수고스럽게 회답까지 보내주시니 감사합니다. 특히 저의 잘못을 지적해 주신 점에 대해서 고맙게 생각합니다. 제가 그런 편지를 보냈던 것은 귀사가 무역업계에서 손꼽히는 회사라는 것을 알았기 때문에 혹시 사람이 필요하지 않을까 하는 생각에서 비롯된 것입니다. 제 편지에 문법상의 잘못이 있었던 것에 대해서는 심히 부끄럽게 생각합니다. 앞으로는 스웨덴어를 더욱 열심히 공부해서 두 번 다시 이런 잘못이 없도록 노력하겠습니다. 친절히 지도해 주신 것에 대해서 깊이 감사드립니다.'

그로부터 며칠 뒤, 게오르규 로나는 바로 그 편지의 장본인으로부터 한 번 회사로 들러달라는 회신을 받았다. 그리고 회사에 찾아간 그는 원하던 일자리를 구하게 되었다. 게오르규 로나는 '부드러운 대답이 노여움을 푼다'는 사실을 알았던 것이다.

우리는

원수를 사랑할 정도의 성자는 아니지만

우리 자신의 건강과 행복을 위해

원수를 용서하고 잊어버릴 수는 있을 것이다.

그리고 이것을 실행하는 것이 바로

현명함이요, 지혜이다.

미워하면
그 미워함에
다친다

10 WAYS TO MAKE YOU FEEL HAPPY

만약 제가 누군가를 극도로 미워했다면 그 누구도 설득시키지 못했을 것입니다. 미움과 원한을 품게 되면 아무런 일도 이룰 수가 없습니다. 저는 할 일이 많습니다. 저는 다른 사람들과 다툴 만큼 시간이 많지 않습니다.

화를 낼 줄 모르는 사람은 '바보'
화를 내지 않는 사람은 '현자'

인생을 가리켜 '무익한 것이며 끝없는 괴로움의 연속'이라고 주장했던 독일의 철학자 쇼펜하우어는 길을 걸을 때면 우울함이 발자국마다 배어날 정도였다.
그런데 이처럼 절망과 허무로 똘똘 뭉친 쇼펜하우어도 '되도록이면 누구한테라도 원한을 품을 필요가 없다'라고 말했다.
화를 낼 줄 모르는 사람은 '바보'지만, 화를 내지 않는 사람은 '현자'라는 말이 있는데 한 흑인 목사에게서 그런 현자의 모습을 살펴보자.

1918년 미시시피의 산속에서 벌어진 극적인 사건이 있었다. 흑인 목사 겸 교사인 로렌스 존스가 백인들에게 처참할 정도로 린치를 당한 사건이었다.

로렌스 존스는 배우지 못한 흑인들을 깨우치기 위해 파이니우즈 학교를 창립한 사람이었다. 이 학교는 오늘날은 매우 유명하지만 그 당시만 하더라도 초창기였으므로 한 작은 마을의 흑인 학교에 지나지 않았다. 1907년, 그는 아이오와 대학을 졸업했다. 그는 착실하고 신중한 성격을 지니고 있었으며, 학업 성적과 음악적 재능이 뛰어나 친구들과 교수들에게 인기가 많았다.

그가 졸업했을 때 어떤 호텔 사장이 그에게 일자리를 제공해 주겠다고 했으나 거절했으며, 어떤 부호는 음악 수업을 계속 받을 수 있도록 학비를 제공하겠다고 제안했지만 이것 역시 단호하게 거절했다.

왜냐하면 그는 자기 나름대로의 꿈을 지니고 있었기 때문이다. 그는 부커 T. 워싱턴의 전기를 읽고 감명을 받아 자신도 가난과 문맹에 시달리고 있는 흑인들의 교육을 위해 일생을 바치기로 결심했던 것이다.

그래서 대학을 졸업한 후 그는 미시시피 주의 잭슨 마

을에서 남쪽으로 25마일 정도 내려간 곳에 정착했다. 남부에서도 가장 벽지인 곳이다.
그리고 자신이 지니고 있던 회중시계를 1달러 65센트에 팔아 비품을 마련하고 산 속 빈터에 학교를 세웠으며, 그런 다음 통나무를 잘라 책상 대신 사용하면서 아이들을 가르쳐 온 것이었다.

그런데 이 린치 사건은 모든 미국사람의 신경이 날카로웠던 제 1차 세계대전 중 독일 사람들이 미시시피 중부 지방에서 흑인들을 선동하여 반란을 일으키려 한다는 유언비어가 떠돌고 있을 무렵에 발생한 일이었다.
백인들이 이 유언비어로 인해 은근히 겁을 먹고 있을 즈음, 어느 날 교회에서 존스목사가 신도들을 모아놓고 설교를 하고 있었다. 물론 신도들은 모두 흑인들이었다.
"……인생은 투쟁입니다. 그러므로 그것을 무찌르고

이겨내려면 우리 흑인들은 모두 주님의 갑옷을 입고 용감하게 싸워야 합니다……."

그런데 우연히 백인 청년들이 교회 앞을 지나다가 그 설교를 듣게 되었다. 그러나 전체 설교를 다 들은 것이 아니라 '싸우자, 갑옷, 투쟁'이라는 단어들만 들었고, 그들은 목사가 흑인들을 선동하고 있다고 단정하곤 백인 마을로 달려가 이 사실을 알렸다.
그러자 흥분한 백인들이 어둠을 뚫고 달려와 교회를 포위하고는 존스목사를 끌어냈다. 그리고는 그의 목에 밧줄을 감은 뒤 끌고 다니며 때린 다음 산속으로 데리고 들어간 것이다.
그곳에는 이미 화형 시킬 만반의 준비가 되어 있었고, 사람들은 그를 장작더미 한가운데 기둥에 묶어놓고 불을 붙이려 했다.
그런데 이때 누군가가 소리쳤다.
"태워 죽이기 전에 그 빌어먹을 설교나 한 번 들어보

자! 어디 마음껏 지껄여보게 해봐!"

로렌스 존스에게 마지막 기회가 주어졌다.

그는 장작더미 위에서 포박당한 채 자신을 화형시키려는 군중들을 내려다보았다. 흥분한 군중들은 횃불을 손에 쥐고는 눈을 번뜩이고 있었다. 그는 목을 가다듬고 차분히 이야기하기 시작했다.

배우지 못한 흑인과 그들의 자녀들을 깨우쳐서 사회와 국가를 위해 필요한 존재로 만들려는 자신의 뜻을 밝혔다. 그리고 파이니우즈 컨트리 학교를 창립할 때 토지·목재·현금 등을 기부하며 그의 교육 사업에 참여한 사람들의 정성과 그 사람들이 얼마나 자기에게 힘이 되었는가에 대해서 이야기했다.

흥분했던 백인들은 로렌스 존스가 자기 자신의 목숨을 구걸하지 않고 자신의 확실한 주장과 방침을 차분하게 이야기하는 것을 듣고는 점차 누그러지기 시작했다.

그의 이야기가 끝나자 낡아빠진 남군 모자를 쓴 한 사

람이 불쑥 나서서 소리쳤다.

"저 사람 말이 옳은 것 같소. 우리가 지금까지 오해를 한 거요. 훌륭한 일을 하는 사람을 우리가 도와주지는 못 할망정 죽여서야 되겠소. 우리도 그를 도와줍시다."

파이니우즈 컨트리 학교의 창립자를 불태워 죽이겠다고 모인 사람들에게 자신의 의지를 설파해 백인들의 마음을 돌렸고, 그날 로렌스 존스는 52달러의 기부금도 모을 수 있었다.

세월이 흐른 후, 그날 그를 폭행하고 불태워 죽이려던 사람들을 미워하지 않았느냐는 질문을 받았을 때, 잠시 생각하더니 이렇게 대답했다.

"만약 제가 누군가를 극도로 미워했다면 그 누구도 설득시키지 못했을 것입니다. 미움과 원한을 품게 되면 아무런 일도 이룰 수가 없습니다. 저는 할 일이 많습니다. 저는 다른 사람들과 다툴 만큼 시간이 많지 않습니다."

물론 로렌스 존스와 같은 관용을 지니기는 참으로 힘든 일이다. 또한 우리가 원수를 사랑 할 정도로 성자가 된다는 것 또한 거의 불가능한 일이다.
그러나 우리 자신의 건강과 행복을 위해 원수를 용서하고 잊어버릴 수는 있을 것이다. 아니 우리가 원수를 미워하기보다는 누구를 미워하는 장본인이 아닌 것을 감사하게 생각해야 할 일이다.

누굴 미워하는가?
그 마음이 당신을 해치고 있다!

받을 걸
기대한다면
베풀지 마라

10 WAYS TO MAKE YOU FEEL HAPPY

우리가 무엇인가를 베풀려 한다면 그 사람에게 무엇인가를 기대해서는 안 된다. 그러다가 뜻밖의 감사를 받게 되면 그것은 놀라운 기쁨이 될 것이며, 설령 감사를 받지 못한다 하더라도 화낼 까닭이 없게 되는 것이다. 그러므로 순수한 마음으로 아낌없이 베풀 자신이 없다면 차라리 포기하는 것이 정신 건강에 도움이 된다.

나는 어떤 일 때문에 한 사업가를 만나야 했는데 만나기 전, 그에 대한 평판을 들을 수 있었다. 그를 만났던 모든 사람들이 나에게 입을 모아 이렇게 말하는 것이었다.
"그 사람하고 만나서 15분쯤 지나면 그의 입에서 쏟아지는 온갖 불평을 들어야 할 거요."
그는 35명의 직원을 고용하고 있는데 그들에게 크리스마스 보너스로 3백 달러씩 주었다고 한다. 그런데 그 보너스를 받고도 누구 하나 고맙다는 인사가 없었다는 것이다.
"그럴 줄 알았으면 한 푼도 주지 않았을 것이오."
이미 11개월이나 지난 일이었지만 그는 아직도 화가 가시지 않았는지 얼굴을 붉히면서 불평을 쏟아내는 것이었다.
그의 분노는 대단했는데 내 생각에는 그가 화를 내기 이전에 우선 왜 그들에게 고맙다는 인사를 받지 못했는지 그 이유를 아는 것이 무엇보다도 중요하다고 생각했다.

그는 급료도 적게 주면서 직원들을 너무 혹사시켰을지도 모른다. 또는 직원들이 그 돈을 크리스마스 보너스라고 생각하지 않고 급료의 일부로 생각했을 수도 있다. 그렇지 않으면 사장이 너무 잔소리가 심하고 까다로워서 고맙다는 인사를 하고 싶은 마음이 아예 생기지 않았거나 까맣게 잊었을지도 모른다.

어차피 세금으로 나가게 될 테니까 직원들에게 선심이나 쓰자는 마음으로 사장이 내놓았을 것이라고 생각할 수도 있었다. 물론 어떠한 경우라도 사장으로선 직원들이 이기적이며 버릇이 없다고 생각할 것이다.

성경에 보면, 예수님은 10명의 나환자를 고쳐주었다고 한다. 그런데 그 중 오직 한 사람만이 예수님을 찾아와 감사를 드렸다. 그러자 예수님께서는 제자들을 돌아보며, "다른 아홉 사람은 어디 있는가?"하고 물었다. 아홉 사람은 병이 낫자 한 마디 인사도 없이 자신의 집으로 가버린 것이었다.

그렇다면 예수님은 어떻게 생각했을까? "이런 배은망덕한 놈들!"이라고 분노하면서, 다시는 사람들의 병을 고쳐주지 않겠다고 마음먹었을까? 아니다. 그는 묵묵히 다른 환자들도 치료해 주었다.

만일 당신이 누군가에게 돈을, 그것도 1백만 달러나 되는 큰돈을 주었다고 한다면 그 사람이 당신에게 고마워서 어쩔 줄 몰라 할 것 같은가?

앤드류 카네기가 바로 그런 일을 했다. 그는 자신의 친척에게 1백만 달러를 유산으로 물려주었다. 그렇다면 그 유산을 받아든 친척은 뛸 듯이 기뻐했을까?

천만의 말씀이다. 그는 화를 냈다. 카네기가 자선 사업에는 3억 달러나 기부했으면서도 자신에게는 1백만 달러밖에는 주지 않았다는 것이 그 이유였다.

만사가 이런 법이다. 이것이 우리의 인간성인 것이다. 사람이 다른 사람에게 도움을 받았을 때, 그 고마움을 잊는 것은 지극히 자연스럽고 당연한 이야기라는 사실이다. 그렇기 때문에 이처럼 다른 사람에게 도움을 주고도 그 사람에게 고맙다는 표현을 듣지 못했다고 해서 자신의 마음을 괴롭힌다면 참으로 어리석은 일이 아닐 수 없다.

우리가 무엇인가를 베풀려 한다면 그 사람에게 무엇인가를 기대해서는 안 된다. 그러다가 뜻밖의 감사를 받게 되면 그것은 놀라운 기쁨이 될 것이며, 설령 감사를 받지 못한다 하더라도 화낼 까닭이 없게 되는 것이다.

그러므로 순수한 마음으로 아낌없이 베풀 자신이 없다면 차라리 포기하는 것이 정신 건강에 도움이 된다. 자식들 또한 마찬가지여서, 예부터 사람들은 자식의 배은망덕함에 끊임없이 분노를 표시했다. 셰익스피어는 〈리어왕〉을 통해 '은혜를 모르는 자식은 부모가 독사에 물린 것보다도 마음을 아프게 한다.'고 절규했을 정도다.

그러나 곰곰이 생각해 보자. 은혜를 모른다는 행위는 마치 잡초처럼 자연스러운 것이다. 그러니 은혜를 깨닫는 것은 마치 잡초 속에서 장미를 키우는 것과 같다고 할 수 있다. 그 싹에 비료를 주고 풀을 뽑아주며 물을 공급해야지만 무럭무럭 자라나기 때문이다.

만약 자식들이 부모의 은혜를 모른다고 하자. 그렇다면 그것은 과연 누구의 책임인가? 그 책임은 바로 부모에게 있는 것이다. 부모가 그 방법을 자식들에게 가르쳐 주지 않았기 때문에 그런 일이 생긴 것이다.

우리 자식들의 장래가 가정교육에 달려 있다는 사실을 잊어서는 안 된다. 그걸 실천한 사람으로, 나의 이모님을 꼽고 싶다.

이모님은 친정어머니와 시어머니를 함께 모셨다. 그래서 어린 나의 기억으로도 두 마나님이 이모네 거실의 난롯가에 사이좋게 앉아 계시던 모습이 떠오른다.

그렇지만 그 두 분은 이모님에게 '귀찮은 존재'가 아니었을까? 솔직히 말하면 아마도 그랬을 것이지만, 이모님은 그런 내색을 조금도 비치지 않으셨다.

그렇다고 이모님이 풍족한 생활을 하셨던 것도 아닐

뿐만 아니라 개구쟁이들을 여섯 명이나 키워야 하는데다 까다로운 노인 두 분까지 모셔야 했으니 생활을 꾸려나가기에도 힘에 겨웠을 것이다. 그러나 이모님은 자신이 그 두 분을 모시는 것이 당연한 일이며 올바른 처사였다고 믿으셨다.

20년 전에 이모부까지 돌아가시고 지금 이모님은 슬하의 자식들까지 모두 떠나보낸 후 홀로 외로이 생활하고 계실 거라고 생각하겠지만 천만의 말씀이다. 자녀들이 서로 모시겠다고 다투는 형편이어서 이모님께서는 선뜻 결정을 내리지 못하고 계신다.

그러면 내 이종 사촌들이 이모님에게 은혜를 입었다고 생각했기 때문에 그런 것일까? 물론 그런 것은 아니다. 그것은 '순수한 사랑'에서 비롯된 것이다.

"아이들은 귀가 밝다."

따라서 옛 어른들은 아이들 앞에서는 되도록 말조심을 했다. 이 말은 아이들 앞에서는 다른 사람의 친절이나 성의를 무시하는 행위를 더욱더 자제해야한다는 뜻이다.

"아니, 이걸 크리스마스 선물이라고 보냈단 말이야! 자기가 직접 짠게 아니고 형편없는 싸구려를 사서 보낸 것이 틀림없어!"

결코 이런 말을 해서는 안 된다. 이런 말이 어른인 우리에게는 대수롭지 않게 들릴지 모르나, 아이들은 그렇게 받아들이지 않는다. 그런 말에 익숙해지면 아이들 또한 순수하게 베풀어야 하는 것에도 계산적이 되고, 순수하게 받아야 하는 것에도 감사한 마음을 잃게 되는 것이다.

그러므로 이렇게 말하는 것이 좋다.

"그 사람이 이걸 짜느라고 굉장히 애썼을 테니 여간 고맙지가 않구나! 시간을 내서라도 감사 편지를 보내기로 하자."

이러한 태도야말로, 우리 아이들에게 은연중에 칭찬하고 감사하는 마음을 습관화시키는 올바른 교육인 것이다.

고민을
세지 말고
축복을 손꼽아라

10 WAYS TO MAKE YOU FEEL HAPPY

우리가 삶에 있어서 그럴 마음만 있다면 즐길 수 있는 순간은 너무나 많다. 눈길을 잠깐만 돌리면 부엌에서 접시를 닦는 일도 흥미진진한 일이 될 수 있는 것이다.

헤롤드 아보트는 미주리 주의 웨브시에서 2년 동안 잡화점을 경영했다. 그러나 장사가 잘 되지 않아 빚만 늘어나게 되자 가게를 처분하고 캔자스시티로 가서 일자리를 구할 생각이었다. 그러나 수중에 돈이 한 푼도 없었기 때문에 캔자스로 갈 여비와 취직할 때까지의 숙식비를 융자받기 위해 은행에 가기로 했다.

내 몰골은 말할 수 없을 정도로 초췌했으며 의욕도 상실해 은행에서 융자를 받을 수 있을 것이라 기대하지 못했다. 그러나 그것이 나로서는 최후의 방법이었기 때문에 어쩔 수 없이 은행으로 발길을 옮겼다.

그런데 길 건너편에서 두 다리가 없는 사람이 도로를 건너 내가 걸어가는 보도 쪽으로 오는 것을 발견했다. 그 사람은 롤러스케이트 바퀴를 단 작은 나무판자 위에 앉아서 전나무 지팡이를 양손에 쥐고 그것으로 연방 땅을 찍어대며 오고 있는 것이었다. 보도 끝에 닿자 그 사람은 판자와 함께 묶은 자신의 몸을 2~3센티미터 가량 들어 올려 보도 위로 올라왔다.

그때 그 사람과 내 눈이 마주쳤는데, 순간 그는 미소를 지으며 쾌활한 목소리로 나에게 인사를 건네는 것이었다.

"안녕하세요. 날씨, 참 좋죠?"

그 사람이 길모퉁이로 사라질 때까지 그의 뒷모습을 물끄러미 바라보는 동안, 나는 내 자신이 얼마나 행복한 사람인지를 깨닫게 되었다.

'나는 두 다리가 멀쩡해서 자유스럽게 어디라도 걸어 다닐 수가 있지 않은가?' 그런 생각이 들자 나는 부끄러운 생각이 들었다. 저 사람은 두 다리가 없는데도 행복하고 명랑한 태도로 자신감 있게 살아가는데 사지 육신이 멀쩡한 내가 상심할 이유가 없다. 라고 생각하니 절로 용기가 생기기 시작했다.

나는 자신감을 가지고 은행을 방문했다. 원래는 일자리를 얻기 위해 캔자스시티로 간다고 말할 생각이었는데, 나는 직장을 구해서 캔자스시티로 가기 때문에 2백 달러가 필요하다고 분명하게 말했다.

그러자 은행원은 자신감 넘치는 나의 태도에 선뜻 2백 달러를 빌려 주었고 나는 그 돈으로 캔자스시티로 가서 취직할 수 있었으며, 7년간에 걸쳐 모든 빚을 청산했다.

10초라는 짧은 순간에 앞으로 어떻게 살 것인가에 대해 10년 동안 배운 것 이상으로 가치 있는 방법을 알게 된 것이다. 그래서 나는 이런 글을 화장실 거울에 붙여두고 매일 아침 면도할 때마다 읽는다.

'생활이 어려워 의기소침해지면 길에서 만났던 다리 없는 사람을 생각하자.'

'당신 두 눈을 1천만 달러에 파십시오.'
누가 당신에게 이런 부탁을 한다면 냉큼 팔겠다고 하겠는가? 두 다리를 팔라고 한다면? 아니면 두 손? 또는 당신의 아이들을? 가족을?
팔아버리고 난 후를 상상하면서, 정말로 진지하게 판단해 보기 바란다. 아마도 당신은 1천만 달러가 아니라 록펠러의 전 재산, 아니 거기에다 포드·모건의 재산까지 전부 다 준다고 해도, 당신이 가지고 있는 것과 바꿀 생각이 없다는 것을 깨닫게 될 것이다.
아니, 깨닫지 못하는 수도 있어서 기꺼이 바꿀 사람도 없지 않아 있을 것이다. 그러나 그런 인간은 이러한 것들의 진가를 제대로 파악하지 못한 것으로 곧 후회하게 될 것이다.

'인간은 이미 자신이 가진 것에 대해서는 만족하지 못하고, 언제나 없는 것만을 추구한다.'

쇼펜하우어의 명언을 루시 블레이크라는 여성이 증명한 바 있는데 그 경험담을 들어보자.

나는 정신없이 바쁜 일과를 보내고 있었다. 디저트 윌로우 목장에서 음악 감상반과 스피치 강습회를 지도했으며, 애리조나 대학에서는 피아노를 배웠다. 그리고 밤마다 파티를 열었고, 심야에는 승마를 즐기기도 하였다.

그러던 어느 날 아침, 나는 심장에 이상이 생겨 정신을 잃고 쓰러지고 말았다. 의사는 1년 동안 절대 안정을 취해야 된다면서 엄한 표정으로 나에게 경고했다. 나는 공포에 사로 잡혔다. 의사는 나에게 건강 회복 여부에 관해서는 언급조차 하지 않았기 때문에 어쩌면 재기 불능의 상태일지도 모른다는 두려움이 엄습했다.
'어쩌다 이 꼴이 되었단 말인가. 하필 내가 왜 이런 벌을 받아야 하는 거지?' 의사의 지시대로 침대에 누워 있기는 했지만, 마음이 불편해서인지 상태는 점점 악화되었다.
절망감으로 인해 모든 것에 점점 신경질적인 태도를 취하게 되었다. 그러던 어느 날, 이웃사촌으로 평소 친하게 지내던 루돌프가 나를 찾아와 이런 말을 해 주었다.
"넌 1년씩이나 누워 지내는 것이 답답하고 비극적인 일이라고 생각할지 모르지만, 꼭 그런 것만은 아니야. 오히려 차분하게 너 자신에 대해 생각할 수 있는 시간을 갖게 되었으니 이번 기회를 통해 자신을 돌아볼 수 있는 좋은 계기가 될 수도 있지 않을까? 너에게 분명 정신적으로 부쩍 성장할 수 있는 시간이 될 꺼야. 다르게 생각하면 득이 되는 일이지. 안 그래?"
나는 그 말을 듣고 난 후, 마음을 가라앉히고 새로운 가치관을 정립하기로 결심하고 마음을 밝게 하는 책들을 골라 읽기 시작했다.
그러던 어느 날, 라디오에서 '……인간은 자신이 의식하고 있는 것만 표현할 수 있다.'는 말을 듣게 되었다. 그런 소리는 여러 번 들은 적이 있었지만, 그 당시만큼 내 마음을 파고든 적이 없었다. 그래서 나는 그것을 실천하기에 앞서, 우선 그런 생각만이라도 가져보려는 결심을 했다.
나는 매일 아침 눈을 뜨자마자 제일 먼저 감사할 일들을 머릿속에 그려보려고 노력했다. 라디오에서 흘러나오는 아름다운 음악 소리, 책 읽는 시간, 맛있는 음식, 나를 아껴주는 사람들, 다정한 친구들을 생각했다.

그 효과는 대단했다. 그것은 환희, 행복, 건강을 가져다주는 대단한 사상이었던 것이다. 내가 하루가 다르게 명랑해지자 친구들이 즐겨 나를 찾아왔다. 방문객이 차츰 늘어나게 되자, 간호사가 일정한 시간을 두고 차례로 한 사람씩 병실에 들어오도록 조치해야 할 정도였다.

그것은 벌써 9년 전의 일로, 그 1년간의 병원 생활을 지금도 고맙게 생각한다. 왜냐하면 그때야말로 내가 애리조나에서 보낸 가장 귀중하고 행복한 한 해였기 때문이다.

그 후 나는 매일 아침마다 내 자신의 행복을 헤아려보는 습관을 갖게 되었으며, 지금까지 지속하고 있다. 나는 지금도 충실하게 활달하고 명랑한 생활을 영위하고 있다.

인생을 어떻게 살아야 하는가. 로건 피어설 스미스는 짧으면서도 함축성 있는 말로 그 대답을 해주고 있다.

'인생에는 목표로 삼아야 할 것이 두 가지가 있다. 그

하나는 자신이 원하는 것을 소유하는 일이고, 또 하나는 그것을 즐기는 일이다. 그런데 현명한 사람들은 나중 것을 성취한다.'

자기가 원하는 것을 즐긴다.
우리가 삶에 있어서 그럴 마음만 있다면 즐길 수 있는 순간은 너무나 많다. 눈길을 잠깐만 돌리면 부엌에서 접시를 닦는 일도 흥미진진한 일이 될 수 있는 것이다. 어떻게 그럴 수 있느냐고? 1천만 달러와도 바꿀 수 없는 당신의 소중한 두 눈으로 접시 위에 하얗게 부푸는 비누 거품들을 바라보아라.
그 비누 거품들이 창가로 흘러드는 햇빛을 받으면 그 거품 하나하나에 작은 무지개가 찬란한 빛으로 가득할 것이다. 그뿐인가 겨울에 펄펄 내리는 눈발을 헤집고 작은 참새들이 날개를 파닥거리며 날아가는 광경은 또 얼마나 아름다운가?

우린 태어나면서부터
이처럼 아름답고 복된 세계를
아무런 감정 없이 누리고 살아서
소중함을 깨닫지 못했지만
마음의 눈을 뜨게 되는 순간
아름다움을 즐길 수 있게 될 것이다.

원수를 사랑하라

10 WAYS TO MAKE YOU FEEL HAPPY

만약 어떤 사람이 당신을 이용하려 든다면 그 사람과 상대하지 않으면 그만이다. 그러나 그렇다고 해서 보복하려고 들면 안 된다. 보복하려고 할 때, 상대방보다도 오히려 자신이 손해를 입게 되는 경우가 대부분이기 때문이다.

여러 해 전 엘로우스톤 국립공원 안에 있는 '곰의 집'이라는 호텔에서 하룻밤을 묵은 적이 있었다.

그날 밤 나는 다른 관광객들 틈에 끼어 호텔 쓰레기장이 한 눈에 내려다보이는 전망대에 앉아 있었다. 쓰레기장은 곳곳에 설치된 조명등으로 인해 대낮같이 밝았다. 우리는 숨을 죽인 채 숲 속의 무법자가 모습을 드러내기만을 기다리고 있었다.

잠시 후 거대한 몸집의 회색 곰이 느긋한 걸음걸이로 등장하자 호텔에서 내버린 음식 찌꺼기를 주워 먹던 다른 짐승들이 황급히 도망치기 시작했다. 회색 곰은 텅 빈 쓰레기장을 독차지한 채 야식을 즐기기 시작했다.

이러한 광경을 흥미롭게 지켜보던 관광객들에게 산림 감독관이 회색 곰에 대한 설명을 해 주었다. 그의 말에 의하면 회색 곰은 서부의 어떤 동물보다도 강하며, 이 곰과 대적할 수 있는 상대로는 야생 들소와 코디악 곰 정도라는 것이다.

그런데 그날 밤, 이 거대한 회색 곰이 숲속에서 나온 한 마리의 작은 짐승에게만은 잠자코 먹이를 양보하는 광경을 목격할 수 있었다. 그 작은 짐승은 스컹크였다. 그 작은 짐승은 회색 곰 따위는 안중에도 없다는 태도로 의기양양하게 꼬리를 하늘로 치켜세우고 쓰레기장을 헤집고 다니는 것이었다.

어째서 이 거대한 회색 곰은 가만히 참고만 있는 것일까? 그 커다란 앞발을 한 번만 휘두르면 금방 끝낼 수 있을 텐데, 왜 스컹크가 가까이 다가가기만 해도 회색 곰은 피하는 것일까?

아마도 회색 곰은 경험을 통해서 스컹크를 건드리면 안 된다는 걸 알고 있는 것이 분명하다. 그것을 보고 나는 깨우친 것이 있었다.

어려서 농장에 살 때, 나는 스컹크를 잡으려고 시도한 적이 있었다. 그러나 단 한 번의 공격으로 나는 쓰라린 패배를 맛볼 수밖에 없었다. 며칠 동안 내 몸에서 풍기는 지독한 냄새로 인해 모든 사람들에게 철저하게 외

면당했던 내 경험에 의하면 스컹크를 건드리는 순간부터 손해라는 것을 깨닫게 되는 것이다. 그러므로 회색 곰도 스컹크를 애써 무시하며 관심을 두지 않는 것이다.

우리가 적을 증오하게 되면 그 순간부터 적에게 힘을 주는 결과가 빚어진다.

왜냐하면 우리가 적을 증오하기 시작하면서부터 우리의 수면·식욕·혈압·건강·행복 등이 조금씩 파괴되기 때문이다.

따라서 적들은 우리가 그들을 증오하고 있다는 사실을 알면 대단히 기뻐할 것이다. 말하자면, 우리의 증오는 적들을 조금도 손상시키지 못할 뿐만 아니라 우리 자신에게 지옥 같은 고통을 맛보게 할 뿐이기 때문이다.

'만약 어떤 사람이 당신을 이용하려 든다면 그 사람과 상대하지 않으면 그만이다. 그러나 그렇다고 해서 보복하려고 들면 안 된다. 보복하려고 들었을때, 상대방

보다도 오히려 자신이 손해를 입게 되는 경우가 대부분이기 때문이다.'

이 말은 그야말로 선한 마음으로 가득 찬 종교가의 헛소리로 들릴지도 모른다. 하지만 이것은 밀워키의 경찰청에서 발간하는 경찰홍보지에 게재된 내용이다.

그렇다면 보복 행위가 어떻게 자신을 해치는 것일까? 그것은 여러 가지 방법으로 이루어지는데 라이프지에 게재된 내용에 의하면 그 결과로 건강까지 해치는 수가 있다고 한다.

'고혈압으로 고민하는 사람들의 개인적인 특성을 살펴보면 원한 관계에 사로잡힌 사람들이 대부분이란 사실을 발견할 수 있다. 일단 원한을 품게 되면 그 원한이 만성화되어 혈압뿐만 아니라 심장에까지 영향을 미치게 된다.'

'너의 원수를 사랑하라' 는 말은 단순하게 올바른 도덕률만을 내세운 것이 아니라 마음의 병이 곧 신체의 병이라는 오늘날의 의학적인 견해와도 일맥상통한다.

당신은 반목하는 사람들을 증오하여 피로해지고, 신경쇠약에 걸리고, 심장병에 걸려 생명까지도 위태롭게 된다는 사실을 알게 된다면 얼마나 놀랄 것인가? 다시 한 번 생각해보자. 우리가 원수를 사랑할 수는 없더라도 우리 자신을 사랑할 수는 있지 않은가? 증오가 마음속에서 스멀스멀 피어오를 때면 셰익스피어의 다음 시를 조용히 읊조려 보자.

네 원수로 인해서
난로의 불을 뜨겁게 지피지 마라.
오히려 그 불이
네 자신을 불태울 것이니…

자기
자신이 되자

10 WAYS TO MAKE YOU FEEL HAPPY

유명한 영화배우 찰리 채플린은 처음 영화에 데뷔했을 때, 그 당시 인기 절정에 있던 독일 코미디언의 흉내를 내는 삼류 배우에 불과했다. 그러나 그는 '자기 자신이 되어야 한다'는 것을 깨닫게 되었고, 그의 독특한 이미지를 만들어 냄으로써 세계적인 배우로 발돋움할 수 있었다.

*나는 노스캐롤라이나 주에 사는
에디스 엘렌 부인에게
다음과 같은 편지를 받았다.*

어렸을 적 나는 몹시 신경질적이었고 수줍음 많은 아이였습니다. 또한 나는 살집이 좋고 양 볼이 남달리 통통했기 때문에 한층 뚱뚱하게 보여서 열등감에 사로잡혀 있었습니다. 게다가 어머니가 항상 '큰 옷은 입을 수 있어도 작은 옷은 입을 수 없다.'며 펑퍼짐한 옷만을 입힌 탓에 더욱 내성적인 성격이 되었습니다.
초등학교에 입학해서도 나는 아이들과 쉽게 어울릴 수 없었고, 친구도 사귀지 못한 아이가 되어 생일 파티에 한 번도 초대되어 간 적이 없었을 정도였습니다.
23세 때 나는 7세 연상의 남편을 만나 결혼하게 되었지만, 병적일 정도로 내성적인 나의 성격은 조금도 달라지지 않았습니다. 그런데다 남편을 비롯한 시댁 식구들이 모두 늠름하고 자부심이 강한 사람들이어서 나의 열등감이 더욱 심해졌습니다.

하지만 시댁 식구들은 내가 동경했던 이상형 이어서 나는 그들을 닮으려고 무진 노력을 했지만 아무런 소용이 없었습니다. 아니, 상태가 더욱 악화될 뿐이었습니다. 그들이 나와 친하게 지내기 위해 접근하면 할수록 나는 더욱 기가 죽고 마는 것이었습니다.

그래서 시간이 흐를수록 나는 점점 신경과민이 되었으며, 걸핏하면 짜증을 냈고 사람을 만나기가 두려워서 현관의 벨소리만 울려도 왈칵 겁이 났습니다.

나는 끊임없이 제 자신을 열등한 인간이라고 자책했습니다. 또한 남편이 이 사실을 알게 될 것이 두려워 사람들이 있는 곳에서는 일부러 쾌활한 척했지만, 그런 과잉 연기로 나는 더욱더 우스꽝스럽게 되어버리곤 하였습니다.

그래서 산다는 것이 싫어졌고, 자살까지 결심하기에

이르렀습니다. 그러던 어느 날 우연히 듣게 된 한마디의 말이 제 인생을 통째로 바꾸어 놓았습니다. 어느 날, 대화를 나누다가 시어머님이 이런 말씀을 하셨습니다.
"사람은 어떤 경우라도 자기 자신이 되어야 해."

자기 자신이 되어야 한다.
나는 그 말을 듣는 순간, 지금까지 내 자신이 융화 될 수 없는 울타리 속에 나를 억지로 끼워 넣으려 함으로써 자신을 불행하게 만들어 왔다는 사실을 깨닫게 되었고 그날 밤부터 내 자신이 되고자 노력했습니다.
우선 내 성격을 분석하여 됨됨이를 파악하고, 내가 지니고 있는 장점에 대해서도 생각해 보았습니다. 또한 나한테 어울리는 옷을 고르기 위해 옷 색깔과 스타일에 대한 연구도 했고, 적극적으로 친구를 사귀려고 주부 모임에도 가입했습니다. 그리고 그 모임에서 프로 그램 강연자로 제 이름이 올랐을 때는 정말이지 너무나 긴장되어 도망치고 싶었습니다. 그러나 여러 차례에 걸쳐 그러한 기회를 갖는 동안 차츰 자신감이 생겨났습니다.
물론 제가 이렇게 되기까지는 오랜 시간이 걸렸지만, 전에는 상상조차 하지 못할 정도로 적극적이 되었고 많은 친구들을 사귀었으며 일상생활에서도 더 없이 행복합니다. 그래서 우리 아이들에게도 '어떤 경우에라도 자기 자신이 되어야한다'는 교훈을 주지시키고 있습니다.

이처럼 자신이 아닌 다른 사람, 우상이 되겠다는 욕망은 특히 헐리우드에서 두드러지게 나타난다. 유명한 영화감독인 샘 우드는 '가장 골치 아픈 일은 야심만만한 젊은 배우들에게 자기 자신이 되라고 설득시키는 일'이라고 말했다. 왜냐하면 그들은 엘리자베스 테일러나 클라크 케이블의 복사판이 되기 위해 애를 쓰기 때문이다.
그러나 관객은 이미 기존 배우들의 색깔을 파악하고 있기 때문에 신인에게는 색다른 분위기를 원한다는 것이다. 캐스달리라는 가수 지망생의 경우를 실례로 들어보기로 하겠다.

그녀는 가수 지망생이었지만, 크고 두터운 입술과 뻐드렁니 때문에 그 누구도 그녀를 무대 위에 세우려 하지 않았다. 그런 그녀에게 처음으로 기회가 주어졌다. 뉴저지의 나이트클럽에서 노래를 부르게 된 것이다. 무대에 선 그녀는 뻐드렁니를 감추고 매혹적인 몸짓으로 노래를 부르려 했지만 목소리가 이상하게 나오는 바람에 무척 당황했고, 그래서 더욱 우스운 꼴이 되고 말아 그녀의 첫무대는 대실패로 끝났다. 이대로 라면 가수가 되려는 그녀의 꿈은 물거품이 되리라는 것은 불 보듯 뻔한 일이었다.
그런데 마침 그 나이트클럽에서 노래를 듣던 한 신사가 잔뜩 주눅 든 채로 무대 위에서 내려오는 그녀를 불러 세웠다.
"아가씨!"
그는 퉁명스러운 어조로 말을 이었다.
"아가씨가 노래 부르는 것을 유심히 지켜보았는데 난 아가씨가 우리에게 무엇을 숨기려 드는지 알게 되었소. 튀어나온 이 때문에 신경이 쓰이지요?"
그녀는 당황하여 얼굴이 빨갛게 달아올랐지만 그 사람은 조금도 개의치 않고 말을 계속했다.
"그런데 무슨 상관입니까? 뻐드렁니가 당신에게 흉이 될 것은 없으니 조금도 감출 필요가 없다고 생각해요. 한 번 마음껏 입을 벌리고 노래를 불러봐요. 청중들이 원하는 것은 아가씨의 예쁜 목소리란 것을 기억하세요. 아가씨가 자신감에 넘쳐 노래를 부른다면 그들은 당신에게 찬사를 보낼 것입니다.
혹시 압니까? 지금 당신이 감추려고 드는 뻐드렁니가 아가씨에게 행운을 가져다주는 열쇠가 될지?"
캐스달리는 그 사람의 충고에 따라 그때부터 자신의 뻐드렁니에 신경 쓰지 않고, 청중에게 아름다운 노래를 들려주기 위해서만 온 마음을 쏟았다.
그녀는 입을 크게 벌리고 힘 있는 목소리가 나오도록 노래를 불렀는데, 그 결과 영화에 주연 배우로 발탁되는 영광까지 누리게 되었다. 그리고 지금은 그녀의 심볼처럼 되어버린 뻐드렁니를 흉내내는 코미디언까지 생겨나기에 이르렀던 것이다.

윌리엄 제임스는 사람은 대개 자신의 잠재적인 정신 능력을 100% 발전시키지 못한다고 했다. 또한 우리가 지니고 있는 가능성에 비한다면 우리는 육체와 정신 모두 극히 일부분 밖에 이용하지 못한다.

그렇다면 당신이나 나나 그 정도 능력밖에 지니고 있지 않은데, 뛰어난 천재들과 자기 자신을 비교하고 고민하는 일로 단 1초라도 헛되이 보낼 필요는 없다.

당신은 이 세상에서 가장 존귀하며 새로운 존재인 것이다. 창세기 이래로 당신과 똑같은 인간은 한 명도 없었으며, 또한 앞으로도 당신과 똑같은 인간은 결코 나타나지 않을 것이다.

그런데도 사람들은 자기 자신이 아닌 다른 사람이 되고 싶어 하고 그들의 행동을 따라하려고 애를 쓴다. 그러나 다른 사람처럼 되고 싶고, 다른 사람처럼 행동한다고 해서 자기 자신이 그 사람이 될 수는 없는 것이다.

유명한 영화배우 찰리 채플린은 처음 영화에 데뷔했을 때, 당시 인기 절정에 있던 독일 코미디언 흉내를 내는 삼류 배우에 불과했다. 그러나 그는 '자기 자신이 되어야 한다'는 것을 깨닫게 되었고, 그의 독특한 이미지를 만들어 냄으로써 세계적인 배우로 발돋움할 수 있었다.

그 밖에도 윌 로저스, 메리 마가렛 맥브라이드, 진 오트리 등등. 무수한 인물들이 쓰라린 경험을 통해서 '자기 자신이 되어야 한다'는 교훈을 배웠고, 그 교훈을 실천함으로써 자신의 인생을 성공으로 이끌 수 있었다.

이처럼 당신은 이 세상에서 하나밖에 없는 귀중한 존재인 것이다. 그러므로 그 기쁨을 누리고, 자연이 당신에게 베풀어 준 것을 최대한으로 활용할 수 있도록 노력해야 한다.

레몬과 레몬주스의 차이

10 WAYS TO MAKE YOUR FEEL HAPPY

우리가 의욕을 상실하여, 레몬을 레몬주스로 바꾸지 못할 정도로 희망을 잃어버릴 경우가 있다. 그럴 때 우리는 무작정 포기할 수만은 없다. 일단 그 레몬을 레몬주스로 만들기 위한 시도는 해볼 가치가 있기 때문이다. 아무 것도 두려워할 필요는 없다. 왜냐하면 그 시도가 이익을 가져올 망정 손해를 끼치지는 않기 때문이다.

살다보면 모든 일이 실패로 돌아가서 모든 것을 잃을 수도 있다. 그래서 수중에 오직 1개의 레몬만 남아 있을 경우 현명한 사람은 이런 궁리를 한다.

'어떻게 하면 이 상태에서 벗어날 수 있을까. 어떻게 하면 이 레몬을 부가가치가 더 높은 레몬주스로 만들 수 있을까?'

그런데 어리석은 사람은 정반대로 행동한다. 그 사람은 가지고 있는 레몬을 땅바닥에 팽개치며 이렇게 소리친다.

"나는 망했다! 이것이 내 운명이야! 이젠 더 이상 내게 기회는 없어!"

그리고 세상을 원망하며 좌절의 구렁텅이로 빠져드는 것이다. 한 평생 인간의 잠재 능력에 대해서 연구를 해 온 위대한 심리학자 알프렛 아들러는 '인간이 지닌 가장 놀랄만한 특성 중의 하나는 손실을 이익으로 바꾸는 힘이다' 라고 말했다.

이 특성을 제대로 활용할 줄 아는, 뉴욕에 살고 있는

델마 톰슨의 경험담을 들어보자.

2차 세계대전이 터지자 내 남편은 캘리포니아 주의 모하비 사막에 있는 육군훈련소에 배속되었다. 나도 남편을 따라 그곳으로 옮겨갔지만 그곳은 정말 내 마음에 들지 않았다. 아니, 모든 것이 싫었다.

집 주변은 황량한 사막으로 선인장 그늘에서도 45도가 오르내리는 폭염이 기승을 부렸으며, 무더운 바람이 쉬지 않고 불어대기 때문에 코와 입뿐만 아니라 먹는 음식에서까지 모래가 씹힐 지경이었다. 또 근처 주민이라고는 멕시코인과 인디언들뿐이어서 영어가 제대로 통하지 않았기 때문에 남편이 출근하면 우두커니 집안에 틀어박혀 있는 수밖에 없었다.

하루하루가 지옥 같고 더 이상 참을 수가 없어 아버지에게 편지를 썼다. 이런 곳에서는 더 이상 살 수가 없으며, 여기서 산다면 차라리 감옥에 가는 편이 낫겠다는 절망적인 내용이었다.

그런데 장황한 내 편지에 대한 아버지의 회답은 겨우 두 줄에 불과했다. 그렇지만 그 두 줄의 문구는 평생을 두고 잊지 못할 것이었다.

'두 사람이 감옥에서 창문 밖을 내다보았다. 한 사람은 진흙탕을, 다른 한 사람은 별을 보았다.'
나는 그 글을 몇 번이고 되풀이해서 읽었다. 그러는 동안 내 자신이 부끄러워지기 시작했다. 지금까지 내 자신이 만들어놓은 감옥 안에서 진흙탕만을 바라보고 있었던 것이다. 그래서 별을 바라보기로 마음먹었다. 현재의 상태에서 어떤 것이든 좋은 점을 찾아내려고 결심했다.
우선 말은 잘 통하지 않지만 주변에 있는 토착민들과 친하게 지내려고 노력하자 놀라운 일이 벌어졌다. 내가 그들의 전통 예술품인 직물과 도자기에 흥미가 있는 것을 알자, 관광객들이 많은 돈을 준다고 해도 팔지 않던 도자기와 직물들을 아무런 망설임 없이 나에게 선물했다. 그들은 나를 진정한 친구로 받아준 것이었다.

그리고 나는 시간이 날 때마다 모하비 사막을 돌아다니며 관찰했는데 선인장과 사막식물을 살펴보기도 하고 초식동물인 마르모트의 생태를 내 나름대로 연구해 보기도 했다.

또 별을 바라보는 눈으로 바라본 사막은 참으로 아름다웠다. 나는 몇 시간이고 그 자리에 서서 저녁노을을 바라보기도 했으며, 사막이 바다였을 먼 옛날 그곳에서 살아 숨 쉬다 화석이 되어버린 조개를 줍기도 하였다.

그런데 어떻게 해서 이처럼 놀라운 변화가 나에게 생긴 것일까? 여전히 모하비 사막은 폭염에 쌓여 있고, 후덥지근한 모래바람이 끊임없이 불어오며, 의사소통이 힘든 사람들 사이에서 어떤 변화가 있었던 것일까?

그것은 나의 마음가짐이 달라졌기 때문이었다.

나는 비참한 처지라고 생각했던 상황을 생애에서 가장 즐거운 상태로 전환시킬 수 있었던 것이다. 그래서 내 자신이 발견한 새로운 세계에 자극받고 감격하였으므로 이것을 소재로 한 한 편의 소설을 쓰기로 하였다.
나는 내 자신이 만든 감옥의 창문을 통해 별을 찾았기 때문에 나의 생활을 조화롭게 변화시킬 수 있었던 것이다.

레몬을 레몬주스로 바꾼 행복한 농부 얘기를 또 하나 들어보자. 플로리다에 사는 이 농부는 천신만고 끝에 처음으로 자신의 농장을 소유하게 되었는데 무척이나 실망이 컸다. 토질이 워낙 거칠었기 때문에 과일 나무도 자랄 수 없었고, 돼지조차 그 땅에서는 키울 수가 없었다. 작은 가시나무와 방울뱀만이 번성하는 그런 곳이었기 때문에 농부는 모든 의욕을 상실하고 말았다.
그러던 어느 날 그는 기발한 발상이 떠올랐는데, 쓸모없는 것들을 자산으로 만들 수 있는 방법을 생각해 낸 것이다. 기상천외한 방법으로, 흔하게 발견할 수 있는 방울뱀을 잡아 조리하여 통조림으로 생산하기 시작한 것이다.

그리하여 매년 이 방울뱀 농장을 찾는 관광객만 하더라도 20만 명이 훨씬 넘었고, 여기서 생산되는 방울뱀 통조림은 온 세계의 식도락가들을 위해 수출까지 하고 있다. 그의 사업은 여기에서 그친 것이 아니었다.

방울뱀의 독니에서 추출한 독은 항독용 의약품을 만들기 위해 제약회사나 연구소 등지로 보냈고, 뱀 가죽은 부인용 구두와 핸드백의 재료로 비싼 값에 판매되고 있다. 그리고 나중에는 그곳 마을 이름이 플로리다 주의 '방울뱀 마을'로 개칭 될 정도였다.

「신들을 배반한 12인」이란 소설의 작가 윌리엄 보리스는 이런 말을 했다.

'인생에 있어서 진실로 중요한 것은 손실에서 이익을 올리는 일이다. 그러자면 지혜를 필요로 하는데, 이것이 분별력을 지닌 사람과 지니지 못한 사람의 차이를 만든다.'

지난 35년 동안 나는 뉴욕에서 성인 강좌 교육을 해왔는데, 한 가지 의아스럽게 생각하는 것이 있다. 많은 사람들이 대학 교육을 받지 못한 것에 대하여 부끄럽게 여기고 있다는 사실이다. 또한 그들은 대학을 나오지 못한 것이 자신의 삶에 대단히 불리한 조건으로 작용하고 있다고 말한다.

그러나 나는 반드시 그렇지 않다고 생각한다. 왜냐하면 중학교나 고등학교만 나오고도 성공한 사람들이 이 세상에는 얼마든지 있기 때문이다.

인생에 성공한 사람들의 경력을 연구하면 할수록 나는 다음과 같은 사실을 확인할 수 있었다. 그것은 성공한 사람들 대다수가 약점을 지니고 있었기 때문에 성공할 수 있었다는 것이다. 말하자면 그들의 약점이 노력을 불러 일으켜 성공 자극제가 되었던 것이다.

분명히 그렇다. 밀턴은 장님이었기 때문에 끝없는 상상력으로 아름답고 뛰어난 시를 썼으며, 베토벤은 음악가에게 치명적인 청력을 잃고 나서 영혼을 울리는 음악을 만들 수 있었다.
만일 차이코프스키가 불행한 결혼으로 실의에 빠져 자살 직전에까지 이르지 않았던들 불후의 명작인 '비창 교향곡'은 이 세상에 존재하지 않았을지 모른다. 또한 도스트예프스키나 톨스토이가 고달픈 인생행로를 걷지 않았더라면 불후의 명작들을 남기지 못했을지도 모른다.

우리는 의욕을 상실하여, 레몬을 레몬주스로 바꾸려는 계획도 세우지 못 할 정도로 희망을 잃어버릴 경우가 있다. 그럴 때 우리는 무작정 포기할 수만은 없다. 일단 레몬을 레몬주스로 만들기 위한 시도는 해볼 가치가 있기 때문이다.
아무 것도 두려워할 필요는 없다. 왜냐하면 그 시도가 이익을 가져올망정 손해를 끼치지는 않기 때문이다. 그 이유는 두 가지이다.

❶ 시도하지 않으면 실패도 없지만, 물론 성공도 없다. 따

라서 희박할망정 성공할 가능성이 있다면 시도해볼 가치가 있는 것이다.
❷ 비록 성공하지 못한다 하더라도 손실을 이익으로 바꾸려는 노력으로 인해 부정적이었던 생각이 긍정적으로 변할 수 있다. 또한 그럼으로써 창조적인 에너지가 형성되어 우리의 일상에 활력을 불어넣어 주며, 지나가버린 일들에 대해 고민할 시간적 여유를 주지 않게 되는 이득이 생긴다.

세계적인 바이올리니스트인 오레 부르가 프랑스 파리에서 연주회를 갖던 중이었다. 그런데 연주가 중간쯤 진행되었을 때, 그가 켜고 있던 바이올린의 4개의 현 중에 하나가 끊어져버렸다. 그러나 부르는 당황하지 않고 3개의 현으로 마지막까지 연주를 했다.
그것이 인생이다. 하나의 현이 끊어져도 3개의 현만으로 최선을 다해 연주를 끝내야 하는 것이 인생을 살아나가는 진정한 방법인 것이다.

14일 동안에
고민을 해소하는 방법

10 WAYS TO MAKE YOUR FEEL HAPPY

쓸데없이 이런저런 걱정과 고민이 많으십니까? 매일매일 어떻게 하면 다른 사람을 기쁘게 해줄 수 있을까 궁리하십시오. 그렇게만 하면 14일 뒤에는 반드시 완쾌될 수 있습니다.

다음은 '나는 이렇게 고민을 극복했다'라는 주제로 쓴 미주리 주의 스프링필드에 사는 C. R. 버튼의 수기이다.

내가 9세가 되던 해, 어머니께서 여동생 둘을 데리고 집을 나가셨기 때문에 나와 두 남동생은 아버지와 함께 살게 되었다.

내가 12세가 되던 해, 아버지께서는 읍내에서 동업으로 조그만 카페를 경영하셨다. 그런데 아버지가 여행 가신 틈을 이용하여 동업자가 그 카페를 팔아버리고 어디론가 잠적해 버렸다. 여행 도중에 이 사실을 안 아버지는 급히 집으로 돌아오다가 캔자스시티의 사리나스에서 자동차 사고로 숨을 거두셨다.

우리 3형제는 하루아침에 고아가 되고 말았으나 다행히 이모님이 우리 3형제를 맡아 주셨다. 우리는 그 동네 아이들에게 고아라고 놀림을 당했고, 틈만 나면 싸움을 걸어와 우리를 괴롭혔다. 우리는 똘똘 뭉쳐서 그들의 폭력에 대항하느라 하루가 멀다하고 싸움질을 해

댔고, 날이 갈수록 거칠어져 갔다.

그러던 중 이모님이 병에 걸리셨다. 워낙 가난한 살림에다 우리 3형제를 맡아 키우느라 무리를 했기 때문에 생긴 병이었다.

생각다 못한 이모님은 제일 큰 나를 다른 집에 맡기기로 했다. 그래서 나는 이모님 집에서 11마일이나 떨어져 있는 로프틴 부부가 운영하고 있는 농장에서 허드렛일을 도와주면 학교에 보내준다는 조건으로 그 집에서 살게 되었다.

나를 맡아준 로프틴 부부는 70세가 넘은 노인들로, 로프틴 씨는 대상포진에 걸려 누워만 지내는 분이였다. 내가 처음으로 그곳의 학교에 다니게 되던 날, 아이들은 나를 아비 없는 자식이며, 머슴이라고 집적거리며 놀렸다. 1주일이 지났지만 아이들의 놀림은 조금도 수그러들지 않았고 점점 심해졌다.

그러던 어느 날, 어떤 아이가 내 얼굴에 닭똥을 집어던지며 '더러운 머슴'이라고 욕을 했다. 나는 화가 치밀어 올라 그 아이를 실컷 두들겨 팼다.
그런데 이 일을 로프틴 씨가 알게 되었고, 나는 다시는 싸움을 하지 않겠다는 맹세 후에야 용서를 받을 수 있었다.
또 다시 나보다 훨씬 큰 상급 여학생이 내 모자를 벗겨 물속에 담갔다가 땅바닥에 팽개치며, "너 같은 돌머리는 물에 젖은 모자를 쓰고 다니는게 혈액 순환을 위해서 좋을 거야." 하고 놀려댄 일이 벌어졌다.
나는 눈물이 핑 돌았지만, 다른 사람 앞에서는 결코 눈물을 보이지 않겠다고 마음먹었기 때문에 집으로 돌아와 몰래 흐느껴 울었다. 그 모습을 로프틴 부인이 보았고 나는 내 마음속의 고민을 모두 털어놓게 되었다. 그러자 부인이 이렇게 충고해 주었다.
"랄프야, 만약 네가 네 일에 최선을 다하고 그 아이들 일을 네 일처럼 도와준다면, 그 아이들은 너를 욕하거나 괴롭히지 않고 친구가 되어줄 거다."
나는 충고에 따라 열심히 공부한 덕분에 우등생 대열

에 낄 수 있었고 아이들의 일을 최대한 도와주려고 노력했다. 그러자 놀리는 애들이 조금씩 줄어들었으며, 나중에는 더 많은 친구들을 갖게 되었다.

내가 고등학교를 다닐 무렵 환경에 변화가 생겼다. 근처에는 우리 농장까지 모두 4가구가 살고 있었는데 로프틴 씨가 지병으로 돌아가시고, 불행한 사고로 두 농부가 죽었으며, 한 부인은 남편에게 버림을 받아 4가구에 남자라고는 나 하나뿐이었다.

그래서 나는 이 불행한 부인들을 위해 2년 동안 그들의 농장을 함께 돌봐주어야 했다. 그래서 학교에서 돌아오는 길에 세농장에 들려 장작을 패기도 하고 우유도 짰으며, 가축들에게는 먹이를 주었다.

그 후 해군에 입대한 나는 군복무를 마치고 다시 로프틴 부인의 농장으로 돌아왔다. 그런데 내가 돌아왔다는 소식을 듣고 많은 사람들이 나를 환영해 주러 왔다. 그날 우리 집에는 2백여 명의 사람들이 찾아와 반겨주었는데, 그 중에는 80마일이나 먼 곳에서 찾아온 사람도 있었다. 그들은 진정으로 나를 생각해 주고 마음속으로 환영해 주었다.

나는 이제 친구가 없어서 고민하지 않는다. 아니, 어떤 고민도 하지 않는다. 지금은 다른 사람들을 돕는 일이 바쁘기도 하고 또한 즐거움을 느끼기 때문에 고민할 필요가 없다.

버튼이란 사람이야말로 친구를 만드는 진정한 방법을 알고 있다. 그리고 자신의 노력으로 고민을 극복하고 인생을 즐기는 법을 터득한 진정한 승리자이다. 신경정신과 박사인 알프렛 애들러는 환자들에게 다음과 같이 말하곤 한다.

"쓸데없이 이런저런 걱정과 고민이 많으십니까? 매일 매일 어떻게 하면 다른 사람을 기쁘게 해줄 수 있을까 궁리하십시오. 그렇게만 하면 14일 뒤에는 반드시 완쾌될 수 있습니다."

오늘
만큼은

10 WAYS TO MAKE YOUR FEEL HAPPY

겉으로는 대단히 행복한 체하면서 고민을 한다는 것이 실제로 불가능하다는 것을 알게 될 것이다. 이것은 자연의 기본적인 진리의 하나로서 우리의 일상생활에 기적을 일으키게 할 수 있는 요소이다.

응용심리학의 권위자인 윌리엄 제임스는 행동과 감정의 관계에 대해 다음과 같이 설명하고 있다.

'행동이 감정을 따르는 것으로 생각하지만, 실제로 행동과 감정은 동시에 움직이는 것이다. 그러므로 우리는 의지에 의해 직접 지배당하는 행동을 규제함으로써 의지에게 직접 지배당하지 않는 감정을 간접적으로 규제할 수 있다.'

다시 말하면, 우리는 '결심한 것'만으로는 우리의 감정을 바꿀 수는 없지만 행동을 변화시킬 수는 있다. 그러므로 행동을 바꾸게 되면 자동적으로 감정을 바꿀 수 있게 된다는 것이다.

그는 또 이렇게 말했다.

'그렇기 때문에 쾌활한 감정을 상실했을 때 감정을 자력으로 회복시킬 수 있는 가장 좋은 방법은 감정이 다시 회복된 것처럼 유쾌한 행동으로 표현하는 것이다.'

정말 이 간단한 비결이 과연 우리에게 도움이 될 것인가? 시험해 보자.

우선 만면에 미소를 띠고 어깨를 힘껏 펴고는 크게 숨을 들이마시자. 그리고 즐거운 노래라도 불러보자. 만약 노래를 못하겠다면 휘파람이라도 불러보자. 휘파람도 불지 못한다면 입 속으로라도 흥얼거려 보자. 흥내만이라도 좋다.

그러면 당신은 윌리엄 제임스가 한 말을 납득하게 될 것이다.

말하자면 겉으로 대단히 행복한 체하면서 고민을 한다는 것이 실제로 불가능하다는 것을 알게 될 것이다. 이것은 자연의 기본적인 진리의 하나로서 우리의 일상생활에 기적을 일으키게 할 수 있는 요소이다.

여기에 시빌 F. 패트리지가 쓴 건설적인 사고방식이 있다.

오늘만큼은……

오늘만큼은 행복하게 지내자.
'인간은 자신이 결심한 만큼 행복해진다'는 링컨의 말은 진리이다. 사실 인간의 행복은 자신의 내부에서 비롯되는 것이지 외부의 상황에서 비롯되는 것은 아니다.

오늘만큼은 장소와 상황에 순응해 보자.
자기 자신의 욕망에 사로잡히지 말자. 가족·사업·운 등을 있는 그대로 받아들이고 그 상황에 자신을 적응시켜 보자.

오늘만큼은 몸조심을 하자.
운동을 하고, 몸을 아끼며, 영양을 골고루 섭취하자. 내 몸을 혹사하거나 함부로 다루지 말자.

오늘만큼은 마음을 굳게 다지자.
한 가지라도 유익한 것을 배워 보겠다고 결심하자. 정

신적인 게으름뱅이가 되지 않겠다고 결심하고 노력하며, 집중을 필요로 하는 책을 읽자.

오늘만큼은 이렇게 영혼을 훈련하자.
사람들에게 친절하게 대하자.
다른 사람에게 유익한 일을 해보자.
내가 하기 싫었던 일을 자진해서 해보자.

오늘만큼은 유쾌하게 지내자.
활발하게 행동하자. 자신에게 어울리는 복장을 하자. 조용히 이야기하고 예의 바르게 행동하며 다른 사람들을 칭찬하자. 다른 사람들을 비평하지 말고, 무슨 일이든지 꾀를 부리지 않으며, 다른 사람을 탓하거나 꾸짖지 말자.

오늘만큼은 오늘 하루에 끝내보자.
삶의 모든 문제를 앞에 두고 한꺼번에 해결하기 위해 덤벼들지 말자. 그러나 일생 동안 도저히 감당할 수 없는 문제라면 오늘 하루 안에 해결해 보자.

오늘만큼은 하루의 계획을 작성해보자.
시간에 따라서 해야 할 일들을 적어보기로 하자. 설령 그대로 실행하지 못하게 되더라도 일단 시작해보자. 어쩌면 '충동'과 '주저'라는 악습을 제거시킬 수도 있다.

오늘만큼은 잠시 휴식 시간을 가져보자.
쉬면서 다른 생각은 하지 말고 믿음에 대해서만 생각해보자. 왜냐하면 자기 인생에 올바른 안식을 얻을 수 있기 때문이다.

오늘만큼은 두려워하지 말자.
행복해지도록 노력하자. 아름다움을 즐기자. 사랑 앞에 겁내지 말고, 내가 사랑하는 사람들이 나를 사랑할 것이라고 믿어보자.

PART 02

즐거움을
맛보는 법

Taste the joy

유쾌한
생활을 하려면

TASTE THE JOY

당신이 과거에 저지른 잘못은 잊어버려라. 그렇게만 한다면 그날그날을 충실히 살아갈 수가 있다. 만일 당신이 자신은 기쁘게 살 수 있는 권리가 있다고 생각한다면 온갖 행동 속에서는 물론, 생활 요소요소에서 즐거움을 찾을 수 있다.

한 중년 남자가 책상에 앉아서 전화를 받고 있다. 그는 대기업의 중역으로서 중요한 계약을 위해 통화 중이다.
그의 책상 위에는 갖가지 서류와 메모지, 계약서 등으로 가득 차 있다. 그리고 건너편 소파에는 두 사람의 손님이 그가 시간을 내주기를 기다리고 있다. 눈코 뜰 새 없이 바빠서 우리는 그가 많은 일 때문에 굉장히 스트레스를 받을 것이라고 생각한다.
그러나 그는 그렇지 않다. 그는 많은 일을 즐겁게 해내며 성취감을 느끼고 짜증을 낸다든지 쉴 틈이 없다며 투덜대지 않는다. 오직 그날 일을 성공적으로 마치기 위해 최선을 다할 뿐이다.
그는 손님을 정중히 맞이하고, 주의 깊게 말을 하며, 최선을 다해 그들의 요구에 부응하려고 애쓴다. 전화가 오면 통화를 나누며 마음속으로 상황 판단을 재빨리 해서 결론을 내린 다음, 또 다시 손님과 마주한다.

그는 지금 의논하고 있는 문제를 자기가 어떻게 처리하려고 하는지를 상대에게 알려주고 그들끼리 상의할 시간을 주기 위해 자리를 뜬다.

비서에게 몇 가지 지시를 내리고 두어 가지 서류를 검토한 다음 손님에게 돌아온다. 그들의 결정을 듣고 결론이 내려지면 그들을 문 앞까지 배웅한다.

그는 일련의 과정에 속임수라든가 무슨 불쾌한 감정 같은 것은 전혀 없다. 빠르고 효과적으로 목표에 접근해 가는 단순한 기쁨만 있을 뿐이다. 그는 자기의 상상력을 적극적인 방법으로 행동에 옮기는 계획을 세울 뿐이다. 자신에게 행복과 성공을 맛볼 수 있는 권리가 있다는 것을 잘 알고 있는 것이다.

그렇지만 대부분의 사람들은 일을 하면서 짜증을 내고 일이 많다고 투덜거린다. 그것은 비극이다. 짜증을 내고 투덜대고 일을 회피하려고 하며 비경제적인 생각으로 가득 차 있는 것이다. 그래서 일하는 즐거움 같

은 것은 없어지고 하루가 지루하기만 하다.
그들은 일을 즐거워하지 않는다. 또한 노는 것도 즐기지 않는다.
그러나 생각해 보라. 하나님께선 당신이 즐거움을 느낄 수 있도록 창조해 놓으셨다. 당신은 빗속에서 노래를 들으며 미소 짓고, 음악같이 아름다운 생각과 하늘을 찌를 듯한 기쁨과 환희를 느낄 수 있다.
당신 자신이 충만한 기쁨을 얻는 것을 방해하거나 행복의 원칙을 부정하면 삶이 불행해지거나 무미건조해지기 때문이다.

오늘을 유쾌하게 살자. 오늘 살아있다는 것은 즐거운 일이다.
우리의 생활은 행복한 것이어야 하는데 즐거움은 심장이나 눈·손·발처럼 우리의 일부가 되지 않으면 안 된다. 그것은 인종이나 이데올로기, 피부 색깔, 지위, 연령 등과 전혀 관계가 없는 것이다. 삶의 한 가운데서 맛보는 즐거움은 우리에게 권리와도 같은 것인데, 그것을 받아들이지 못하거나 스스로 팽개쳐 버린다면 불행은 언제나 나와 함께인 것이다.
당신이 과거에 저지른 잘못은 잊어버려라. 그렇게만 한다면 그날그날을 충실히 살아갈 수가 있다.
만일 당신이 자신은 기쁘게 살 수 있는 권리가 있다고 생각한다면 온갖 행동 속에서는 물론, 생활 요소요소에서 즐거움을 찾을 수 있다.
나는 특히 이 권리를 강조하고 싶다. 왜냐하면 많은 사람들이 이 간단한 권리를 자기 자신에게 주지 않기 때문이다.
나는 '원죄'의 신봉자는 아니지만 인간에게 그런 것이 있다면, 그것은 자신을 학대하는 사람들의 잘못을 가리키는 말이라고 생각한다.
사람들은 더욱 풍족한 삶을 영위하기 위해 필사적으

로 노력한다. 열심히 돈을 벌고, 명예 획득에 전력을 기울이면서, 끊임없이 자신을 몰아세운다.

그들은 대개 자기 자신을 심하게 학대하면서, 자기 자신이 즐길 수 있는 조그만 권리도 인정하지 않는다. 매우 슬픈 일이지만 불행하게도 그런 사람들은 너무나 많고 본인 스스로 자각 하지 못하는 경우가 허다하다. 그것은 자기 자신에 대한 범죄이다.

유쾌한 생활은 정신적으로 행복해지려는 것이다. 그러기 위해서 당신은 자아상을 강화시키며 즐거움을 갖고 활기 있는 생활을 위해 부단히 노력해야 할 것이다.

생활을
바로 보자

TASTE THE JOY

중요한 것은 당신이 어디에 있든지 간에 당신 스스로가 유쾌한 생활을 보낼 수 있는 기본자세가 되어 있는지, 그런 생활을 추구하고자 하는 의지가 확실히 있는지가 문제인 것이다. 의지만 확고하다면 당신은 어디에 있든지, 심지어 교도소에서 복역 중이라 하더라도 즐겁고 유쾌한 생활을 보낼 수 있을 것이다.

유쾌하게 살아가기 위해 자신의 행복을 적극적으로 찾아야만 한다. 그러면 당신의 자아상은 만족감을 유지할 수 있도록 강력하게 지원할 것이다.

당신이 아직 젊고, 자신을 잘 파악하고 있으며, 적당한 직업을 선택하고자 하는 의지기 있다면, 나는 당신에게 의사니 변호사나 세일즈맨이 되라고 조언할 수 있다. 또한 1년 내내 기후가 좋은 곳에 가고 싶다면, 당신에게 플로리다나 캘리포니아를 추천해 줄 수도 있다. 그러나 그것이 행복을 위해서 얼마나 중요한 일일까? 당신은 플로리다뿐만 아니라 캘리포니아, 로마, 파리, 하와이 등 어디든지 갈 수 있다. 물론 그 사실 자체도 의미가 있을지 모른다. 그러나 기본적으로 중요한 문제는 자신이 어디에 있든지 간에 행복하고 유쾌하게 생활하려는 마음가짐이 가장 중요하다.

플로리다나 하와이가 당신뿐만 아니라 방문자 모두에게 행복을 안겨줄 것인가? 당신의 머릿속에는 회사일이 잔뜩 있는데, 캘리포니아나 하와이가 당신을 마냥 유쾌하게 해줄 것 같은가?

중요한 것은 어디에 있든지 간에 당신 스스로가 유쾌한 생활을 보낼 수 있는 기본자세가 되어 있는지, 그런 생활을 추구하고자 하는 의지가 확실히 있는지가 문제인 것이다.

의지만 확고하다면 어디에 있든지, 심지어 교도소에서 복역 중이라 하더라도 즐겁고 유쾌한 생활을 보낼 수 있을 것이다.

유쾌한 생활은 정신적으로 행복해지려는 것이다. 그러기 위해서는 당신의 자아상을 강화시키는 것이 좋다.

생활을 바로 보자. 인간이라면 아무리 행복한 사람이라 하더라도 누구나 고통을 가지고 있으며, 허덕이고 있다. 다만, 성공한 사람들의 다른 점은 전진을 계속하는 것으로써 고통을 즐거움으로 바꾸고 있다.

나는 당신이 이 책을 읽은 후에 이런 생각을 응용하기

를 바란다. 내가 당신에게 도움이 될 것이라고 단정하며 흐뭇해하는 것이 나만의 만족일지 모른다.

그러나 분명한 것은, 이 책을 읽고 난 후 소파나 의자처럼 만지거나 볼 수는 없지만 우리가 숨 쉬는 공기처럼 반드시 변화 할 것이란 사실이다.

자아상을 강화시키고 용기를 가지며, 성공하고자 하는 의지를 실천에 옮긴다면 유쾌한 생활을 창조할 수 있다.

그러나 자신이 행복해 질 수 있다는 것을 믿지 않거나 실의에 빠진 사람들이 많다. 그들은 자신에게도 행복해질 권리가 있다고 생각하지 않고, 과거를 되뇌며 자신의 비참함을 한탄하는 데만 시간을 허비하고 있다.

'그때 돈만 있었더라면……, 만일 사고가 일어나지 않았다면……, 그때 그 사람이랑 결혼을 했더라면…….'

그런 사람들은 과거의 실패를 머리에 각인 시키듯이 고통의 늪에 빠져 허우적거린다. 그리고 이 세상에서 자

기만큼 고통을 받는 사람은 없다고 굳게 믿으며 산다.
그러나 과연 그럴까?
인간은 아무리 행복한 사람이더라도 누구나 고통을 가지고 있으며, 채워지지 않는 공허함에 허덕이고 있다.
다만 성공한 사람들이 이들과 다른 점은 확고한 의지로 전진하며 고통을 즐거움으로 바꾸는 노력을 계속해왔기 때문이다.
하나뿐인 인생에서 어떤 인간으로 살고 싶은지 진지하게 고민해 보자.

당신이 과거에
저지른 잘못은 잊어버려라.
그렇게만 한다면
당신은 그날그날을
충실히 살아갈 수가 있다.

사고방식을
고쳐라

TASTE THE JOY

자기 마음속에 감옥을 만든 그에게는 즐거움이 전혀 없었다. 육체적으로 쇠약해지자 정신적으로도 허약해져 자신의 세계를 포기함은 물론이고 더불어서 자신의 생명까지 거부하게 되었던 것이다.

내가 의과대학에 다니고 있을 때, 미키라는 친구가 유행성 독감으로 중태에 빠져 입원을 했는데 다행히 입원한지 얼마 되지 않아 차도를 보여 모두 안도의 한숨을 쉬었다. 그러나 중태에서 빠져나왔다는 것일 뿐, 미키의 병은 쉽게 완쾌되지 않았다.

우리는 미키를 위로하기 위해 병문안을 갔으나 그의 상태는 별반 좋아지지 않았다. 우리는 일부러 명랑한 유머를 주고받으며 미키의 마음을 위로하려 했지만, 솔직히 유쾌한 기분은 아니었다.

우리가 교대로 미키를 문병하던 어느 날, 병실 문이 닫혀 있었다. 대신 거기에는 '면회 사절'이라는 팻말이 붙어 있었는데 우리는 그에게 무슨 일이 일어났는지 걱정했다.

그에게 친구나 가족들의 문병은 조금도 위로가 되지 못했고 문병을 마치고 사람들이 돌아가면 오히려 더욱 우울해지곤 했다. 그는 우리와 더불어 아무 것도 하고 싶지 않았던 것이다.

"나는 그때 이 세상에서 홀로 떨어져 살고 싶었어. 어떤 사람도 만나고 싶지 않았고, 이 세상 모든 것의 가치가 없어지면서 몹시 경멸했지."

마음속에 감옥을 만든 그에게는 즐거움이 사라지고 없었다. 육체적으로 쇠약해지자 정신적으로도 허약해져 자신의 세계를 포기함은 물론이고 생명까지 거부하게 되었던 것이다.

그는 이 세상 모든 것에 대해 적의를 느끼고 으르렁댔다. 누구에게나 신경질을 내고 욕을 퍼붓는가 하면, 식사를 거부하는 자학까지 서슴지 않았다. 절망감은 스스로 자제하기에는 너무나 엄청난 것으로 즐거움이 전혀 없는 나날의 연속이었다.

그러던 어느 날, 담당 간호사가 망설이면서 그에게 중요한 부탁이 있다고 말했다. 환자 중에 한 소녀가 심한 고통을 당하고 있는데 담당 의사는 그 소녀가 누군가에게 연애편지 같은 것을 받아볼 수 있다면 병세가 크게 호전될 수 있을 것이라고 했다. 그래서 부탁인데,

당신이 그 '누군가'가 되어줄 마음이 없는가?
처음에 그는 당장 거절하려고 생각했다. 그런데 간호사의 주저하는 몸짓이 마음에 걸렸다. 그 태도는 마치 '너는 이런 일을 못할 걸?', '나는 네가 거절할 것이라는 걸 알지만 혹시나 해서 그냥 부탁해 보는 거야.' 하는 몸짓으로 보였기 때문이다. 오기가 생긴 미키는 기꺼이 승낙했다.
간호사는 정말 뜻밖이라는 듯 깜짝 놀라면서, 그의 용기와 따뜻한 마음씨를 극찬했다. 그래서 미키는 당장 소녀에게 편지를 써 보냈다.
「당신을 병원 복도에서 잠깐 보았지만, 당신이 잊혀지지 않아 이렇게 편지를 쓰게 되었다.」는 내용이었다.
소녀의 반응이 간호사를 통해 그에게 전달되었는데 거의 반응이 없다는 것이었다. 그러면서 간호사는 그에게 더욱 정성스럽고 재미있는 편지를 써야할 것 같다고 주문했다.
미키는 슬그머니 약이 올랐다. 자기 문장력 정도면 소

녀를 반하게 만들 수 있을 것이라고 자신했기 때문이다. 그는 머리를 짜내어 두 번째 편지를 썼다. 그러자 소녀가 조금씩 관심을 보이기 시작했다고 간호사가 소식을 전해 주었다.

미키는 '그러면 그렇지!' 하고 속으로 기뻐했다. 세 번째, 네 번째……, 편지가 오가는 동안 그와 소녀는 '둘 다 회복되면 함께 공원을 산책하자'고 약속했다.

편지를 계속 쓰게 될 수록 그는 진심을 담아 편지를 썼다. 오랜 입원생활에서 처음 느끼는 즐거움이었다. 그러자 그의 건강은 급격하게 좋아지기 시작하면서 수없이 많은 편지를 썼고, 갈수록 편지는 길어졌다. 병실 안을 힘차게 걸어 다녔고, 곧 퇴원을 할 수 있을 것이라는 간호사의 말을 떠올리며 미소 짓곤 했다. 퇴원을 하면 간호사가 소녀를 만나게 해주겠다고 약속했던 것이다.

미키는 소녀의 병실을 방문하고 싶다고 간호사에게 부탁했다. 그를 물끄러미 바라보던 간호사는 고개를 끄

덕이며 414호실이라고 가르쳐 주었다.

그는 두근거리는 가슴을 진정시키며 414호실을 찾아 나섰다. 그러나 병원에는 그런 번호의 병실은 없었다. 그래서 그는 소녀 환자를 수소문해 보았으나 그런 소녀도 없었다.

어리둥절해진 그에게 간호사가 모든 것을 고백했다. 그런 소녀 환자는 처음부터 존재 하지 않았으며 모든 것이 그를 위한 거짓이었다.

담당 간호사는 그가 모든 것에 염증을 느끼며 삶의 의욕도 없는 것이 회복하는데 장애물이 된다고 보았다. 그래서 어떤 즐거움이 필요하다고 판단하고 연극을 꾸몄던 것이다. 미키는 간호사의 말을 듣고는 허망해졌으나 큰 깨달음을 얻었다.

'미움' 이란 얼마나 삭막하고 고통스럽고 불필요한 감정이며, '행복' 이란 남에게 무엇인가를 줌으로써 얻어진다는 진리를 깨닫게 된 것이었다. 그는 유쾌한 자신으로 되돌아가 몸과 마음이 회복되었다.

즐거움으로
가는 길

TASTE THE JOY

이 세상은 경쟁 사회다. 타인과의 경쟁에서 지면 '패배했다'로 평가되는 사회다. 물론 타인과의 경쟁을 통해서 서로의 발전을 꾀할 수만 있다면 그건 좋은 일임에 틀림없다. 그러나 그보다는 타인을 깎아내리는 것으로써 자신이 앞지르려는 이전투구 현상만 보이는 것이 현실이다.

즐거움으로 가는 길은 어디에 있는가?
과연 그런 길이 있기는 있는 것일까?

그렇다. 즐거움으로 가는 길은 적당한 목표를 세우고 그 방향으로 두려움 없이 나아가는 사람들에게는 활짝 열려 있는 길이다. 만일 당신이 미키처럼 세상에서 도피만 한다면 즐거움으로 가는 길은 막다른 골목이 될 것이다.

당신이 감정의 늪에 빠져 허우적거린다면, 막상 즐거움을 발견해도 그것을 움켜잡지 못할 것이다. 때문에 당신은 그 늪에서 빠져 나오려는 자신의 본능에 용기를 불어넣어야 한다.

다음에 열거하는 몇 가지 사고방식들은 당신의 인생을 유쾌한 것으로 만드는 데 도움이 될 것이다. 이런 것들이 당신 생각의 일부가 될 때까지 편한 의자에 앉아 반복해서 읽어주기 바란다.

앉아서 생각하고, 그 후에는 인생을 즐기는 일만 남아

있게 될 것이다.

자아상을 강화하라

당신의 자아상을 좋아하지 않으면 즐거움은 생길 수 없다. 그것은 기초가 부실한 바탕 위에 건물을 세울 수 없는 것과 마찬가로 올바른 자아는 성공의 지름길이다.

만일 자아상이 불완전하다면 일에서도, 일상생활에서도, 심지어 여행을 가서도 즐거움을 찾을 수 없을 것이다. 따라서 당신은 옛 성공의 기억을 되살려 천천히 음미해야 한다. 그리고 행복했던 그때를 음미함으로써 용기를 북돋아야 한다.

긍정적인 자아상을 갖기 위해 노력하기 시작하면, 놀라운 가능성 그리고 평생 지속되는 보상과 유익함을 발견하게 될 것이다. 그러므로 할 수 있는 모든 것을 통해 자신의 자아상을 강화시키라! 힘과 시간이 든다 해도 포기하지 말고 그 길을 따라가도록 하라. 삶에서

얻을 만한 가치가 있는 것들은 공짜가 없다. 진정 가치 있는 것들을 얻기 위해서는 매번 최선을 다해 노력해야 한다.

 이때 당신은 자신에게 만족하는 것에 초점을 맞춰서는 안 된다. 즐거움이 몸 안에 항상 가득 차도록 하려면 약점에도 현명하게 대처해야 하는 것이다. 이런 식으로 자아상을 강화하는 것을 중요한 습관으로 만들면 즐거움은 항상 당신과 함께 할 것이다.

숨겨진 재능을 캐내자

사람은 누구에게나 숨겨진 재산이 있다. 그것은 저마다 타고난 성품과 재능과 남을 생각해 주는 마음이다. 그러나 사람들은 대개 그것을 숨겨둔다. 왜 그럴까? 남의 비판을 겁내기 때문은 아닐까? 평소에 드러내 보이지 않던 자신의 성품이나 재능을 끄집어내는데 그것이 불완전하고 미성숙하다 걱정하기 때문은 아닐까? 왜냐하면 재능을 표출하기가 서투르거나 그것의 존재

자체를 잘 모르기가 십상이며, 안다고 해도 자신감을 갖고 있지 못하기 때문이다. 따라서 그것들은 마음속 깊은 곳에 파묻혀 썩어가고 있다.

개발되지 못한 자질은 땅속에서 잠자고 있는 귀금속보다 더 가치 없는 것이다. 만일 당신이 그 자질을 캐내서 남들에게 보이지 않으면, 다른 사람들도 그것을 인정하지 않는다. 더욱 나쁜 것은 당신의 무관심이다.

"나한테 그런 재능이 있겠어?"

"나보다 나은 사람이 수두룩한 걸?"

그러면서 자신의 자질 개발을 포기하고 마는 것이다. 그렇게 되면 당신의 그 훌륭한 자질은 땅속에서 이내 썩어버리고, 마침내 흙으로 변하고 말 것이다.

당신의 자질을 파내는데 삽이나 불도저 같은 건 전혀 필요 없고, 토지소유권이나 용역계약서 같은 것도 필요 없다. 오로지 필요한 것은 가족이나 친구, 자동차나 담배파이프 따위에 갖는 만큼의 애착을 당신 자신에게 가지면 되는 것이다.

남에게 주어라

이 세상은 경쟁 사회다. 타인과의 경쟁에서 지면 '패배했다'로 평가되는 사회다. 물론 타인과의 경쟁을 통해서 서로의 발전을 꾀할 수만 있다면 그건 좋은 일임에 틀림없다. 그러나 그보다는 타인을 깎아내리고 자신이 앞지르려는 이전투구 현상만 보이는 것이 현실이다. 그런 과열 경쟁으로 인해 개인 간의 단절, 고독감 같은 것도 큰 문제이며 오늘날 문명사회의 비극이다.

사실 사람들은 다른 사람의 사랑이나 이해를 간절히 바라고 있으며 또한 다른 사람의 우정을 받아들일 준비가 언제든지 되어 있다. 그러므로 남에게 사랑과 이해를 받고 싶다면, 먼저 남에게 우정을 주어라. 그러면 그 사람도 당신에게 우정으로 화답할 것이다.

물론 그 사람은 처음에는 의심을 품을 것이다. 그러나 우정이 순수한 것이라고 느끼면 의심은 곧 따뜻함으로 변할 것이다. 그러면 남에게 주는 것이 받는 길이라는 것을 알게 될 것이고, 그 깨달음은 당신을 크게 만족시켜 줄 것이다.

하고 있는 일에 열중하라

우리는 매일 매일 목표를 갖고 생활해야 한다. 그런데 목표를 정하는 것만으로는 충분하지 않다. 언제나 정신을 목표에 집중하고 목표 달성에 전력투구해야 하는 것이다. 그렇게 하는 것만이 당신의 생활 속에서 진정한 기쁨을 얻을 수 있는 유일한 방법이다.

골프를 좋아한다면 열심히 골프를 쳐라. 그저 심심풀이로 쳐서는 안 된다. 좋은 티샷을 하기 위해 자세를 잡거나 샷을 날릴 때는 사무실 생각이나 돈 걱정 따위를 생각해서는 안 된다. 몇 번이고 샷 동작을 연습해 보고 공의 예상 착지점을 바라보며 지형을 숙지하고 잔디의 형편을 계산하는, 막대한 상금을 노리는 프로 골퍼들 같이 티 위에 얹힌 공이나 샷 동작에 온 정신을 집중해야 한다.

그렇게 해야 하는 이유는, 골프에서 더욱 큰 즐거움을

얻기 위해서다. 물론 그렇게 하면 골프도 더욱 잘 치게 되겠지만 그것은 다음의 목적에 불과하다. 제일 큰 목적은 골프를 침으로써 즐거움을 얻자는 것이기 때문이다.

그림을 그린다든지, 신문을 읽는다든지, 밥을 먹는다든지, 개에게 밥을 주는 일도 마찬가지다. 당신은 거기에 몰두하지 않으면 안 된다. 당신이 하고 있는 일에 집중하면 당신의 세계는 유쾌함으로 넘치게 된다.

나쁜 습관은
거울에 비쳐보라

TASTE THE JOY

당신은 어떤가? 당신에게도 나쁜 습관이 하나쯤은 있을 것이다. 당신이 유쾌한 생활을 할 수 없도록 그것이 방해하고 있는 것은 아닐까? 그렇다면 그 습관을 날려버려야 하지 않을까? 어떤가? 그러기 위해서는 거울이 필요한가?

사람은 대개 누구나 나쁜 습관을 가지고 있는데 그것은 여간 노력하지 않고는 고칠 수가 없다.

아주 자잘한 일까지 걱정하는 습관, 걸핏하면 신경질을 내는 습관, 금전적으로 셈이 흐린 습관, 등등. 불쾌한 생각이나 행동인 것이 분명한데 떼어버리는 것이 쉽지 않다.

그것은 당신에게 정말 두려운 적과 같은 존재이다. 그런 습관을 어떻게 하면 없앨 수 있을까? 우선 내 이야기를 들어보기 바란다. 내가 의과대학을 졸업하고 병원에서 인턴 생활을 할 때였다. 수술진에 끼려면 의사들은 누구나 수술복을 입어야 하는데 탈의실에서 옷을 갈아입고 벗은 옷은 보관함에 넣어 놓았다.

그런데 옷을 보관함에 넣을 때 나는 언제나 지폐를 모두 빼서 꼭꼭 만 다음 왼쪽 양말 속에 쑤셔 넣고 수술실로 향하곤 했다. 이런 습관은 인턴시절 너무나 경제적으로 쪼들렸기 때문에 몸에 붙은 것이었다. 그때는 단돈 1달러만 잃어버려도 큰 타격이었고, 게다가 그때는 보관함에 자물쇠도 없었기 때문이다.

이 습관이 완전히 몸에 배서, 내 왼쪽 양말은 수술하는 동안의 지갑 노릇을 무려 30여 년간이나 수행해 왔다. 보관함에 튼튼한 자물쇠가 생긴 지 오래됐는데도 맨 처음에 버릇이 된 습관대로 아무 생각 없이 그 행동을 반복하고 있었던 것이다.

그도 그럴만한 것이, 나는 대개 이른 아침에 수술하기를 좋아했고, 그때쯤 탈의실은 언제나 한산해서 그런 내 행위를 우습다고 말해 주는 사람은 아무도 없었기 때문이다. 30년 동안이나 그런 습관을 계속해 오다니, 정말이지 악습은 날려버리기가 너무나도 어려운 모양이다.

그러다가 몇 년 전에 있었던 일이다. 나와 함께 탈의실을 이용하던 의사 B가 그 모습을 우연히 보게 되었다. B는 내 양말이 지갑이 되는 광경을 물끄러미 바라보았는데, 수술복을 입다가 문득 그가 보고 있다는 것을 느꼈다. 그는 신사답게 웃음을 참고 있는 것이 분명했다.

나는 부끄러워서 미칠 지경이었다. 그리고는 내 습관을 깊이 반성하고, 너무나도 오랫동안 간직해 온 그 습관을 없애겠다고 결심했다.

그러나 다음 수술 때도, 또 그다음에도 내 돈은 돌돌 말려서 양말 속으로 들어갔다. 그래서 나는 양말 대신에 지폐를 수술복 안쪽에 핀으로 꿰어놓는 방법을 써 보았다. 하지만 그 방법도 효과가 없었다. 수술실에서 돌아와 보면 언제나 양말 속에 얌전히 끼워져 있는 돈을 발견하곤 했다.

나는 그밖에도 몇 가지 방법을 써보았으나 아무런 소용이 없었다. 내가 수술할 때마다 지폐 뭉치는 언제나 왼쪽 양말에 들어가 있곤 했다.

나는 내 자신에게 몹시 실망했다. 하지만 악습을 잘라버리려는 시도는 결코 포기하지 않았다.

그러다 마침내 좋은 방법이 떠올랐다. 거울을 사서 보관함 문짝 안쪽에 걸어놓았다. 그러면 내가 옷을 벗고, 돈을 왼쪽 양말에 찔러 넣은 다음 수술복 입는 광경을 거울을 통해 다 볼 수 있었기 때문이다.

거울 속의 나는 정말 이상한 짓을 하고 있었는데 그 모습을 보는 내내 유쾌하지 않았다. 얼마나 바보 같은 모습인가. 얼마나 바보 같은 습관인가. B가 웃음을 참으려고 애썼던 것도 무리는 아니었다. 그 뒤로 두 번 다시 그러한 행동을 반복하지 않았다. 드디어 나쁜 습관의 손아귀에서 탈출했다. 거울이 결정적인 역할을 해준 것이었다.

당신은 어떤가? 당신에게도 나쁜 습관이 하나쯤은 있을 것이다. 그것이 유쾌한 생활을 할 수 없도록 방해하고 있는 것은 아닐까? 그렇다면 그 습관을 날려버려야 하지 않을까?

그러기 위해서는 거울이 필요한가?

물론 반드시 그런 것은 아니다. 악습을 타파하기 위해 다른 방법도 얼마든지 동원할 수 있을 것이다. 하지만 물질적인 것이 아니라 정신적인 거울은 누구에게나 필요하다. 타인을 보듯이 자기 자신을 객관적으로 바

라볼 수 있는 거울을 마음속에 걸어 둘 필요가 있는 것이다. 그 거울을 가만히 들여다보면 당신의 모든 것, 심지어 치부까지 발견할 수 있기 때문이다.

자신의 주장을 확실히 표명하지 못하고 남에게 이리저리 끌려 다니지는 않는가? 햇볕에 탄다든가, 동상에 걸린다든가, 비에 젖을지 모른다는 생각 때문에 산책하는 것을 싫어하지는 않는가?

마음속의 거울에 당신을 비춰보라. 비록 양말을 지갑으로 사용할 정도는 아닐지 몰라도 당신을 유쾌하지 못하게 만드는 어리석은 일을 하고 있는지도 모른다. 그렇다면 과감히 맞서라. 가슴을 펴고, 고개를 꼿꼿이 세우고, 턱을 당기고, 눈에 힘을 주어 당신의 나쁜 습관을 노려보아라.

그리고 때려 부숴라. 당신의 행복을, 유쾌한 생활을 망쳐놓는 망령 같은 그 녀석을 사정없이 때려 부숴라. 다시는 그림자도 비치지 못하도록.

나날을
즐겁게

TASTE THE JOY

짧든 길든, 당신의 시간을 유쾌함으로 가득 채우자. 즐겁게 사는 것을 속물스럽다고 손가락질하는 사람들을 비웃어주자. 그들은 인생의 진정한 가치를 모른다. 그러나 그들을 용서하자. 그들은 당신처럼 영리하지 못하니까.

우리는 살아가면서 곧잘 이런 공상에 빠진다.
'천만원만 있으면 정말 신나게 써보고 다닐 텐데……'
'칸느 해변에 가서 일광욕을 즐길 수 있다면……'
끝없이 펼쳐지는 공상은 즐거운 일이다.
그러나 내가 말하고 싶은 것은 즐거움을 찾기 위해 가공의 상황을 설정하지 말라는 것이다.
'한 달이고 두 달이고 유럽 여행을 해봤으면 행복할 텐데……' 라든지 '65세가 되어 은퇴하면 호화 요트의 양지 바른 갑판 안락의자에 누워……' 같은 생각은 금물이다.
'만일' 이라는 가정에 빠지지 말라는 것이다.

당신이 백만장자이건 무일푼이건 간에, 매일의 목표는 바로 그날 당신을 유쾌하게 만들 수 있는 것이 아니면 안 된다.
윌리엄 셰익스피어는〈오델로〉에서 이렇게 말했다.

'쾌락은 시간을 짧게 만든다.'

짧든 길든, 당신의 시간을 유쾌함으로 가득 채우자. 즐겁게 사는 것을 속물스럽다고 손가락질하는 사람들을 비웃어주자. 그들은 인생의 진정한 가치를 모른다. 그러나 그들을 용서하자. 그들은 당신처럼 영리하지 못하니까.

쾌락과 행동은 시간을 짧게 만들어 준다. 당신의 모든 일련의 말과 행동은 이런 자연스러운 흐름을 따라가야 한다.

당신은 모든 행위에 앞서 충분한 자숙의 시간, 휴식의 시간, 준비의 시간이 필요하다. 그리고 그것을 찾았다면 자연스럽게 그 흐름에 몸을 담가야 한다.

쾌락 속에서는 생각이 멈춘다. 과거를 돌아봄도 존재하지 않으며, 미래를 갈망함도 존재하지 않는다. 오직 지금, 바로 이 순간만이 존재하며 무한히 살아있음을 느끼게 되는 것이다.

행동 속에서도 마찬가지다. 우리는 너무 허례허식에 익숙해져 버렸지만 자연스러운 행동과 일체화되면 그 또한 생각이 멈춘다. 그 멈춤 속에서 당신은 내면과 함께 한다. 당신은 피곤하지 않으며 오히려 기쁨으로 충만해진다. 에너지는 무한하게 솟아오른다. 세상 모든 것이 당신의 것처럼 느껴질 것이다. 모든 것이 당신 안에 있다.

쾌락은 자연스러운 것이며, 좋은 것이고, 유익한 것이다. 자연스럽게 받아들이고 느낄 때 당신은 진짜 행복해 질 수 있을 것이다.

이 책을 진지하게 읽기를 진심으로 바란다. 잘 읽기만 하면 당신은 1년 내내 크리스마스처럼 행복한 기분으로 살 수 있게 될 것이다.

PART 03

일하면서
휴식을 취하는
법을 터득하라

Learn how to keep work and rest in balance

틈나는 대로
쉬어라

LEARN HOW TO KEEP WORK AND
REST IN BALANCE

'과학적인 경영법'의 전문가인 프레데릭 테일러는 베들레헴 강철회사의 노동자를 통해, 육체노동자의 휴식 시간을 늘리면 늘릴수록 작업량이 향상되는 것을 실증해 보였다.

고민을 해결하는 방법을 말하면서 피로를 줄이는 방법을 언급하는 것은, 피로가 육체적 저항력을 약화시켜 감기를 비롯한 모든 질병의 원인이 될 뿐만 아니라 공포·불안이나 걱정·근심 등을 불러일으키기 때문이다. 그렇기 때문에 신경과 의사들은 피로를 예방하는 것이 고민을 방지하는 데 큰 도움이 된다고 믿고 있다.

시카고 대학의 임상생리학 연구소 소장인 에드먼드 제콥슨 박사는 「적극적인 휴양」과 「휴식의 필요성」이라는 저서도 출간한 '휴양학'의 대가이다. 그런데 그의 말에 따르면, 완전한 휴식을 취할 수 있는 곳에서는 신경질적이거나 감정이 날카로운 상태가 있을 수 없다고 한다.

이 말은 '충분히 휴식을 취할 수 있는 상태라면, 고민은 자연스럽게 소멸될 수 있다'는 뜻이 된다. 그러므로 피로와 고민을 예방하는 제일 첫 번째 방법은 '무리하지 말고, 피로를 느끼기 전에 휴식을 취하라'는 것이다.

그렇다면 미국 육군의 예를 들어보자. 육군은 수많은 실험을 거친 결과, 훈련으로 강인하게 단련된 병사라 하더라도 1시간에 10분 정도는 배낭을 내려놓고 휴식을 취하는 것이 행군의 능률도 오르며 인내력도 강해진다는 사실을 알게 되었다. 그래서 미국육군에서는 50분간 훈련, 10분간 휴식을 규정으로 만들어 지키게 하고 있다.

그러면 여기에서 인간 활동에서 가장 중요한 역할을 담당하는 '심장'에 대해서 알아보기로 하자. 인간의 심장은 혈액을 전신으로 순환시켜 산소를 공급하는 역할을 하는 기관으로서, 24시간 동안에 20여 톤의 석탄을 3피트 높이로 쌓을 수 있을 정도의 엄청난 에너지를 필요로 한다. 도저히 믿을 수 없을 정도로 중노동을 하는 심장이 어떻게 50년, 70년, 100년 동안을 계속해서 견딜 수 있는 것일까?

사실은 이렇다. 사람들은 심장이 항상 움직이고 있다

고 생각하지만, 실제로는 수축하는 순간마다 일정하게 휴식을 취하고 있는 것이다. 그래서 1분당 70회라는 정상적인 속도로 심장이 뛰고 있을 때, 심장은 24시간 중에 9시간 밖에는 활동하지 않는다. 심장이 하루 15시간 정도의 휴식을 취하며 일하기 때문에 100년씩 견딜 수 있는 것이다.

제 2차 세계대전이 한창일 때, 윈스턴 처칠은 70세가 가까워 오는 나이였음에도 불구하고 하루 16시간 이상씩 일을 하면서 영국군을 총지휘했다. 그의 끝없는 정력의 비결은 무엇이었을까?

그는 아침식사를 한 뒤 다시 침대로 들어가 한 시간 동안의 아침잠을 즐겼으며, 아침 11시가 될 때까지는 침대에 누운 채로 보고서를 읽고 비서에게 구술하여 서류를 작성하거나 전화를 이용해 회의를 열기도 하였다. 그리고 저녁때가 되면 다시 침대로 돌아와 두 시간 동안 저녁잠을 즐겼다. 그는 이처럼 여러 번의 휴식으로 한밤중까지 정력적으로 일을 추진할 수 있었던 것이다.

대 부호 존 록펠러는 98세까지 장수했는데, 그에게는 선천적으로 장수할 체질을 지니고도 있었지만, 또 다른 이유가 있었다.

매일 오후가 되면 사무실의 소파에 누워 30분씩 낮잠을 즐기는 습관이 있었고, 낮잠을 자는 동안에는 대통령이 찾아와도 절대로 자신을 깨우지 말도록 엄명을 내렸다고 한다.

다니엘 W. 저스틴은 저서 「왜 피곤해 지는가?」에서, '휴식이란 단순히 쉬는 것만은 아니다. 휴식은 우리 몸을 수리하는 기능을 담당하고 있다'고 했다. 그는 짧은 휴식 중에도 인간의 몸은 놀랄 만한 수리 능력을 발휘하므로 단 '5분간의 낮잠'을 생활화하는 것만으로도 피로를 예방하는 데 커다란 도움이 된다고 강조했다.

그런가하면 '과학적인 경영법'의 전문가인 프레데릭 테일러는 베들레헴 강철회사의 노동자를 통해, 육체

노동자의 휴식 시간을 늘리면 늘릴수록 작업량이 향상되는 것을 증명해 보였다. 그 회사에서는 생산된 강철을 화물열차에 싣는 노동자 1인의 1일 할당량이 20톤인데, 노동자들은 그에 미치지 못하는 12톤의 강철밖에 싣지 못했다. 그렇다고 노동자들이 게으름을 피우는 것도 아니었기 때문에, 회사에서는 '과학적 경영법'의 전문가인 테일러에게 그에 대한 연구를 의뢰했다.

그런데 테일러가 노동자의 작업을 과학적으로 분석한 결과, 하루에 20톤이 아니라 무려 47톤의 강철을 실을 수 있다는 결론을 내렸다. 노동자는 물론이고 회사에서도 참으로 어처구니가 없었는데 하루에 간신히 12톤 정도를 실어 나르는데 그보다 4배쯤 더 할 수 있다니……. 말도 되지 않는 소리라며 모두들 콧방귀를 뀌었다.

그러나 테일러는 확신했다. 왜냐하면 노동자가 1일 할당량을 채우기 위해 일을 열심히 한다지만, 시간이 흐를수록 지쳐서 정오를 넘어서면 파김치가 되었고, 시간이 흐르면 흐를수록 작업성과가 형편없이 저하된다는 사실을 발견했기 때문이다.

그는 스미스라는 노동자를 선택하여 자신의 이론을 증명해 보이고자 하였다. 그래서 강철을 나를 때 피로를 최소화시킬 수 있는 계획표를 작성했고, 스미스에게 타임워치를 지닌 채 그 계획에 따라 일하도록 하였다. 그러자 놀라운 일이 벌어졌다. 다른 노동자들은 12톤의 강철을 간신히 날랐지만, 스미스는 테일러의 예언대로 다른 노동자의 작업량보다 4배에 달하는 47톤의 강철을 거뜬히 날랐던 것이다. 그것도 하루만 그런 것이 아니라, 테일러의 실험 기간인 3개월 동안 하루도 빠짐없이 자신의 책임량을 완수했던 것이다.

어떤 방법을 사용했기에 이처럼 눈부신 성공을 거둘 수 있었을까? 방법은 간단했다. 스미스가 피로를 느끼기 전에 휴식을 취하게 했던 것이다. 테일러는 노동자들이 정오가 될 무렵이면 지쳐서 일의 능률이 오르지 않는 점을 착안해서, 1시간에 26분 만 일하고 34분 동안은 휴식하도록 하는 방법을 선택했기 때문이다.
그래서 스미스는 다른 노동자들이 일하는 것보다 쉬는 시간이 많았지만 피로를 느끼지 않았기 때문에 정오가 넘어서도 똑같은 작업량을 유지할 수 있었으며 다른 노동자들보다 피로를 덜 느끼면서도 그들의 4배에 해당하는 작업량을 완수할 수 있었던 것이다.
이것은 단순한 이론이 아니라, 작업 현장에서 직접적인 실험을 거친 명확한 결과를 토대로 한 것이다.
따라서 다시 한 번 강조한다.

틈나는 대로 휴식을 취하라!
심장이 뛰는 속도에 맞춰서 일하라!
피로해지기 전에 쉬어라!

이렇게 하면, 당신은 하루에 한 시간씩 더 사는 인생을 갖게 되는 셈이다.

피로는 눈의 긴장으로 시작된다

LEARN HOW TO KEEP WORK AND REST IN BALANCE

당신은 언제 어느 때라도 몸을 편안하게 다스릴 수가 있다. 그러나 막무가내로 시도하려 든다면 곤란하다. 왜냐하면 몸을 편안하게 한다는 것은 모든 긴장을 해소시키는 것이고, 무념무상의 상태로 돌입하는 것을 의미하기 때문이다.

하루 종일 연구를 한 다음, 집으로 돌아가는 어느 학자는 대단히 피로한 상태다. 무엇이 그를 그토록 피로하게 만드는 걸까?

정신의학자들은 인간이 피로를 느끼는 이유는 인간의 정신적인 태도에 원인이 있다고 규정하고 있다. 영국의 유명한 정신의학자인 J. A. 하드필드는 「힘의 심리」라는 그의 저서에서 다음과 같이 말했다.

'우리를 괴롭히는 피로는 대개 정신적인 원인에서 비롯된 것이지, 육체적인 것에서 비롯된 피로는 극히 드물다.'

그렇다면 어떤 감정들이 정신노동자를 피로하게 만드는 것일까? 그것은 일이 지루하다거나 자신이 정당하게 평가받지 못하고 있다는 생각, 불안·초조·고민 따위다. 이런 감정들이 발전하여 생산성을 감퇴시키고 신경성 두통을 일으켜, 정신노동자를 지친 몰골로 귀가하게 만드는 것이다.

이 책을 읽고 있는 지금, 일단 모든 동작을 멈추고 자기 자신을 되돌아보자. 이 책을 읽을 때, 당신은 시신경을 곤두세우며 글자들을 노려보듯이 읽고 있지는 않은가? 어깨에 힘이 들어간 상태가 아닌가? 얼굴이 굳어져 있는 것은 아닌가?

만일 당신의 지금 상태가 편안하고 느긋한 인형처럼 늘어진 자세가 아니라면, 지금 이 순간 당신의 근육과 신경은 긴장하고 있는 중이며 정신적인 피로를 불러 모으는 중이다. 왜 우리는 정신적인 노동을 하면서 이처럼 불필요한 육체의 긴장을 불러일으켜 피로를 가중시키는 것일까?

어떠한 문제에 부딪쳤을 때 '정신 집중을 하려면 긴장해야 하고, 긴장하지 않고는 문제를 풀어 나갈 수 없다' 는 고정관념이 피로를 가중시키는 것이다. 그래서 사람들은 정신을 집중하고자 할 때, 자기도 모르게 얼굴을 잔뜩 찌푸리고 어깨에 힘을 주며 긴장감을 불러일으키기 위해 모든 근육에 힘을 준다. 하지만 그것은 뇌의 작용에 아무런 도움을 가져다주지 않는다.

그렇다면 어떻게 해야 할까? 휴식! 오로지 휴식이 있을 뿐이다. 그러기 위해서는 일을 하면서도 휴식을 취할 수 있는 방법을 배워야만 한다. 그것은 쉬운 일이 아니다. 어쩌면 그 방법을 당신이 터득하기 위해서는 지금까지의 습관을 모두 바꿔야 할지 모른다. 그런 노력을 기울일 가치가 충분하고 그렇게 함으로써 당신의 삶에 일대 혁신을 가져다주기 때문이다.

긴장은 습관이다. 휴식 또한 습관이다. 그러나 다행스럽게도 인간은 나쁜 습관을 타파할 수 있고, 좋은 습관을 형성시킬 수 있는 능력을 갖고 있는 존재이다. 어떻게 해야만 마음을 편히 가질 수 있는가? 마음에서부터 시작해야 하는가, 아니면 몸에서부터 시작해야 하는가?

어느 쪽이라도 좋다. 우선 근육을 편안한 상태로 만드는 것에서부터 시작하자. 먼저 다음 말을 자세히 읽는다.

'편안한 마음으로 쉬어라. 눈의 긴장을 풀고 조용히 쉬어라. 쉬어라……'

이 말을 자세히 읽었으면 두 눈을 감는다. 그리고 눈을 감은 상태에서 마음속으로 1분간에 걸쳐 자기 암시를 준다. 그런 다음 눈을 뜬다. 어떤가? 눈의 근육이 당신의 명령에 따르기 시작했다는 것을 느끼지 않는가. 또한 누군가의 손에 의해 눈의 긴장이 깨끗하게 사라졌다는 것을 느낄 수 있지 않은가. 믿지 못하겠지만, 이 방법을 직접 실험해 봄으로써 1분 동안에 휴식을 취할 수 있는 기술과 비결을 모두 터득한 것이다.

턱·얼굴·목·어깨 등 온 몸에 분포되어 있는 근육에 대해서도 마찬가지 방법을 적용하면 된다. 그러나 가장 중요한 기관은 눈이다. 시카고 대학의 에드먼드 제콥슨 박사는 '눈의 근육을 편안하게 휴식시킬 수만 있다면, 모든 고민을 해소시킬 수 있다.'고 말할 정도다. 그렇다면 시신경의 긴장을 제거하는 일이 어째서 그렇게까지 중요한가를 설명해 보겠다.

눈은 인간이 소비하고 있는 신경 에너지의 4분의 1에 해당하는 에너지를 필요로 한다. 그래서 대다수 사람들이 눈의 피로로 인해 괴로움을 받는 이유가 여기에 있다. 사람들은 이처럼 자신들의 눈을 과도하게 긴장시키고 있는 것이다. 당신은 언제 어느 때라도 몸을 편안하게 다스릴 수가 있다. 그러나 막무가내로 시도하려 든다면 곤란하다. 왜냐하면 몸을 편안하게 한다는 것은 모든 긴장을 해소시키는 것이고, 무념무상의 상태로 돌입하는 것을 의미하기 때문이다.

우선 눈과 얼굴의 근육을 쉬게 하는 일부터 단계적으로 시작한다. 그리고 '편안한 마음으로 쉬어라. 눈의 긴장을 풀고 조용히 쉬어라. 쉬어라……' 하며 몇 차례에 걸쳐 자기 암시를 준다. 그렇게 하면 에너지가 안면 근육에서 신체 중심부로 내려가는 것을 느낄 수 있게 된다. 이런 방법으로 긴장된 모든 신경을 풀어준다. 그러면 틀림없이 갓난아기처럼 긴장감에서 해방된다.

이번에는 몸을 편하게 만드는 방법을 몇 가지 들어보기로 하겠다.

❶ '왜 피로한가?', '긴장의 해소' 등에 관한 책들을 읽어본다.
❷ 될 수 있으면 몸을 편안한 상태로 유지하자. 자신의 몸을 양말처럼 축 늘어지게 만들자. 나는 양말을 책상 위에 걸어두고 있다. 내 몸을 언제나 그렇게 만들어야 한다는 것을 잊지 않기 위해서다.

고양이에게 배워도 좋다. 졸고 있는 새끼 고양이를 번쩍 들어본 적이 있는가? 고양이를 손으로 들어보면 온 몸이 양말처럼 축 늘어지는 것을 알 수 있다. 그래서인지 나는 피로한 빛을 보이거나 신경쇠약, 불면증에 시달리는 고양이, 위염으로 고생하는 고양이를 본 적이 없다. 만일 당신이 고양이처럼 온 몸의 근육을 풀고 쉴 수 있는 기술을 터득하게 된다면 아주 편안한 삶을 영위할 수 있을 것이다.

❸ 될 수 있으면 편안한 자세를 유지하면서 일을 하는 것이 좋다. 긴장 상태에서 일을 하면 어깨와 목이 뻐근해지고 신경의 피로를 불러일으킨다는 것을 잊어서는 안 된다.

❹ 하루에 4~5회 정도 자신을 분석한다. '나는 생각보다도 일을 힘들게 만들고 있지는 않은가? 나는 이 일에 쓸데없이 힘을 소모하는 것이 아닌가?' 라고 자문해 본다. 이렇게 자문함으로써 몸의 자세를 편안하게 유지할 수 있다.

❺ 일을 모두 마치고 난 다음에 다음과 같이 생각해 보자. '지금 나는 너무나 피곤해. 이건 내가 일을 열심히 해서가 아니라 일하는 방법이 나빴기 때문이야.'

만일 모든 사람들이 휴식을 취하는 방법을 배울 수만 있다면, 피로와 긴장으로 고생하는 사람들이 없어질 것이고 요양소나 정신병원은 문을 닫아야 할지도 모른다.

수다 떨
상대를 가져라

LEARN HOW TO KEEP WORK AND
REST IN BALANCE

고민을 경감시키기 위한 가장 좋은 방법은 누군가 '믿을 만한 사람에게 자신의 고민을 털어놓는 것' 이다. 수강자들은 그것을 '배설' 이라고 부르는데, 이 교실에 처음으로 입학한 수강생은 많은 사람들 앞에서 자신의 고민을 진지하게 털어놓고 마음속에서 고민을 추방하는 훈련을 한다.

1930년, 조셉 프래트 박사는 보스턴 의료원을 찾아오는 여자 환자 대부분이 아무런 이상이 없으면서도 육체적으로 질병의 증상이 명확하게 나타나는 것을 발견했다.

어떤 부인은 위암에 걸렸을 때와 비슷한 증세를 보이고 있었으며, 등이 아프다거나 두통으로 인한 만성적 피로, 특정 부위의 알 수 없는 통증 등으로 고생하는 사람들이 많았던 것이다. 그러나 철저하게 건강 검진을 해봐도 육체적으로 별다른 이상을 발견할 수 없었다. 그렇다고 그 사람들의 고통이 사라진 것도 아니었다.

그래서 그는 일부 의사들의 반대에도 불구하고 '응용심리학교실'을 개설하기에 이르렀다. 매주 1회 열리는 이 교실은 한마디로 말하자면 고민을 추방하는 모임이었다. 이곳에 출석하는 환자들은 마치 전장의 전사처럼 열성적으로 참가하고 있는데, 9년 동안 한 번도 거르지 않고 출석한 어떤 부인과 이야기를 나누게 되었다.

그녀는 신장염과 심장질환에 걸린 것 같은 증상에 시달렸다고 한다. 처음에는 오줌이 제대로 나오지 않는 데다가, 때때로 눈앞이 캄캄해지면서 가슴이 마구 뛰곤 했다는 것이다. 그래서 여러 병원을 찾아다니며 진찰을 받았지만, 아무런 이상도 발견할 수 없었다고 한다.

"저는 복잡한 가정생활로 인해서 끊임없이 고민에 시달려야 했습니다. 그래서 걱정하던 끝에 차라리 죽어버리려고 생각했던 적도 있었습니다. 그러나 이 교실에 다니면서부터는 고민한다는 것이 백해무익하다는 것을 깨달았습니다. 그리고 고민을 해결하는 방법도 배우게 되었습니다. 그래서 지금 저의 생활은 만족스럽고, 마음은 대단히 편안합니다."

고민을 경감시키기 위한 가장 좋은 방법은 누군가 '믿을 만한 사람에게 자신의 고민을 털어놓는 것'이다. 수강자들은 그것을 '배설'이라고 부르는데, 이 교실에 처음으로 입학한 수강생은 많은 사람들 앞에서 자신의 고민을 진지하게 털어놓고 마음속에서 고민을 추방하는 훈련을 한다. 신입생에게는 '혼자서 고민하고 그 고민을 자기 가슴속에만 간직해 둔다면 신경 계통에 더 큰 이상을 초래하게 된다'는 점을 우선적으로 인식시킨다. 그리고 '우리는 서로의 고민을 나누어 가져야 하며, 언제나 서로의 고민을 들어주고 이해한다'는 점을 인식시킨다.

어떤 부인의 경우는 자신의 고민을 많은 사람들 앞에서 털어놓음으로써 개운한 기분이 되는 것을 체험했다고 한다. 그녀의 고민은 가정 문제였다. 처음 그녀가 이야기를 시작할 때는 긴장이 풀리지 않아 목소리가 조금씩 떨리며 말을 더듬거렸는데, 이야기가 진행되는 동안 평온을 되찾기 시작했다. 그리고 '배설'이 끝날 무렵에는 얼굴에 미소까지 피어올랐다.

그렇다면 그녀의 문제는 해결된 것일까? 아니다. 그리 간단하지는 않지만 그녀의 기분을 전환시켜준 것만은 확실하다. 그녀의 심경을 변화시킨 치료의 효과는 누군가에게 자신의 고민을 털어놓음으로써 얻게 되는 약간의 동정과 충고에서 기인된 것이었다.

이처럼 신경성 환자의 경우, 어느 단계까지는 이런 말만으로도 치유가 가능하다는 것을 알 수 있었는데. 내부의 불안에서 벗어나 편안한 마음을 유지할 수 있기 때문이다. 말을 하게 됨으로써 고민의 일부분을 명확하게 파악할 수 있다는 것이다.

우리는 누군가에게 '털어놓고 이야기하는 것' 이 심리적 안정감을 준다는 것을 알고 있다. 그렇기 때문에 우리는 어떤 걱정거리가 생겼을 때, 그 걱정을 털어놓고 이야기할 수 있는 상대를 찾는 것이다.

물론 그렇다고 해서 아무나 붙들고 우는 소리를 하라는 말은 아니다. 자신에게 조언할 수 있는 믿을 만한 사람을 찾아서 상의를 하라는 것이다. 그런 사람으로는 가까운 친척, 의사, 변호사, 목사, 그리고 친구들이 있다.

어떤 부인의 경우는 자신의 고민을
많은 사람들 앞에서 털어놓음으로써 개
운한 기분이 되는 것을
체험했다고 한다.
그녀의 고민은 가정 문제였다.
처음 그녀가 이야기를 시작할 때는
긴장이 풀리지 않아 목소리가
조금씩 떨리며 말을 더듬거렸는데,
이야기가 진행되는 동안
평온을 되찾기 시작했다.
그리고 '배설'이 끝날 무렵에는
얼굴에 미소까지 피어올랐다.

젊음을 유지하는
몇 가지
방법과 운동

LEARN HOW TO KEEP WORK AND REST IN BALANCE

고민을 추방하기 위해서, 그리고 건강을 유지하기 위해서는 편안한 자세를 유지하는 것이 무엇보다도 중요하다. 따라서 가정주부인 당신은 아주 좋은 조건을 구비하고 있다. 언제나 당신이 원하기만 한다면 방바닥에 누울 수 있기 때문이다.

'고민을 숨기지 않고 이야기해 버린다.' 이것이 보스턴 의료원의 '응용심리학교실'에서 사용하는 방법인데, 그 밖에도 가정에서 해볼 수 있는 몇 가지 방법이 있으니 참고하기 바란다.

독서할 때, 노트나 메모장 준비
책을 읽다가 감동한 시, 짧은 기도문, 명언 등을 적어 둔다. 그런 뒤 비오는 날, 또는 왠지 모르게 기분이 울적해지면 노트를 펼쳐 기분을 개운하게 만들어 주는 시나 인용문 등을 읽는다. 이 교실의 환자 중에는 이런 노트를 만들어 둔 사람들이 많다.

상대방의 결점에 대해 신경 쓰지 않는다.
당신의 남편에게도 확실히 결점은 있을 것이다. 그가 예수 같은 성인이었다면 당신과 결혼하지 않았을 것이기 때문이다. 남편에게 잔소리를 하고 푸념을 늘어 놓길 좋아하는 어떤 부인이 있었다. 그녀는 남편에게 실망하고 있었는데, 어느 날 이 교실에서 시키는 대로 남편의 장점을 종이에 적어보고는 예상외로 많다는 사실에 깜짝 놀랐다는 것이다.

만약 당신이 폭군이나 무능력자와 결혼했다고 후회하기 시작했다면, 당신도 위의 방법을 한번쯤 사용해 보라고 권하고 싶다. 그의 장점을 모두 적어 보면, 당신 남편이야말로 당신에게 있어서 이상적인 남성이라는 사실을 발견하게 될 것이다.

이웃에게 관심을 가져라.

당신과 비슷한 환경에서 살아가는 사람들에 대해 우호적이고 건전한 흥미를 키워 나간다. 배타적인 성향을 지녀서 친구가 하나도 없는 어떤 부인은 '앞으로 만나게 될 사람에게 들려줄 어떤 이야기를 만들어 보라'는 지시를 받았다.

그녀는 자기 집 근처에 사는 사람들의 환경, 생활 등을 상상해 보고 이야기를 만들었다. 그런 작업을 여러 번

하다 보니 우연히 마주친 사람과도 자연스럽게 이야기를 나눌 수가 있었다는 것이다. 그 결과, 지금은 고민이 해소되었고 사람들과 사귀기를 좋아하는 개방적이고 사교적인 사람이 될 수 있었다고 한다.

잠자기 전, 내일 계획을 세워둔다.
부인들은 대개 항상 일과 시간에 쫓기고 있다는 생각을 지니고 있었다. 그래서 그 쫓기고 있는 기분을 고치기 위해 매일 밤, 다음날의 계획을 세우도록 지시받았다. 그랬더니 더 많은 일을 해도 피로를 적게 느꼈으며 일의 성취감도 생겼다.

긴장, 피로를 피하고 편안한 자세를 취할 것
긴장과 피로만큼 당신을 빨리 늙게 만드는 것은 없다. 또한 이것만큼 당신의 아름다움을 손상시키는 것은 없다.
어떤 부인은 볼 E. 존슨 박사에게 의자에 앉아서 할 수 있는 미용 체조를 배웠는데, 10분 후 그녀는 의자에 앉은 채로 잠이 들어버렸다는 것이다. 고민을 추방하기 위해서, 그리고 건강을 유지하기 위해서는 편안한 자세를 유지하는 것이 무엇보다도 중요하다. 따라서 가정주부인 당신은 아주 좋은 조건을 구비하고 있다. 언제나 당신이 원하기만 한다면 방바닥에 누울 수 있기 때문이다.

참으로 이상한 일이지만, 딱딱한 방바닥은 용수철이 달린 푹신한 침대보다도 편안한 자세로 쉬기에 더 적당하다. 또한 바닥의 저항이 강하기 때문에 척추에도 좋다.

다음은 가정에서 할 수 있는 몇 가지 운동법이다. 1주일 동안 계속해 보고, 당신의 성격이나 생김새에 어떠한 효과가 나타나는지 조사해 보도록 하자.

❶ 피곤하다고 느낄 때에는 자리에 눕는다. 그리고 누운 채로 힘껏 기지개를 켜거나 뒹굴도록 한다. 하루 2회

이상 실시한다.

❷ 몸을 편안히 하고 눈을 감는다. 그리고 마음속으로 다음과 같이 말한다.

'태양이 머리 위에서 빛나고 하늘은 눈부시게 맑고 파랗다. 자연은 평온하게 세계를 지배하고 나는 푸른 자연의 딸로서 우주와 조화를 이루고 있다.

❸ 만일 누울 수 없다면 의자에 걸터앉아 있어도 누울 때와 똑같은 효과를 볼 수 있다.

편안한 자세로 몸을 쉬기 위해서는 딱딱하고 곧은 의자가 좋다. 이집트의 좌상과 같이 똑바로 의자에 앉아서 손바닥을 무릎 위에 놓는다.

❹ 그 다음에는 천천히 손톱, 발톱 끝까지 몸을 긴장시켰다가 완화시킨다. 또한 머리를 좌우로 돌려주면서 목의 근육을 푼다. 그러면서 '쉬자, 쉬자' 하고 중얼거린다.

❺ 천천히 안정된 호흡으로 신경을 진정시킨다음 크게 심호흡을 한다. 인도의 수행자들은 그런 의미에서 현명

했다. 이런 호흡법은 신경을 진정시키는데 으뜸가는 방법이다.
❻ 당신의 얼굴에 생긴 주름살에 유의해서 그것을 없애도록 한다. 이마의 주름살이나 입가의 주름살을 손가락 끝으로 가볍게 문질러 준다.

하루에 2회 정도 하면 주름살이 완전히 제거되므로 구태여 미장원에 가서 마사지할 필요가 없게 될 것이다.

그런가 하면 매일 얼굴에 분을 바르고, 입술을 칠하고, 눈썹을 그리는 시간을 갖는 것도 매우 중요하다. 자신이 아름답다고 생각하는 부인은 신경쇠약 따위에는 걸리지 않기 때문이다.

젊음을 유지하는 방법

① 독서할 때, 노트나 메모장 준비

② 상대방의 결점에 대해 신경 쓰지 않는다.

③ 이웃에게 관심을 가져라.

④ 잠자기 전, 내일 계획을 세워둔다.

⑤ 긴장, 피로를 피하고 편안한 자세를 취할 것

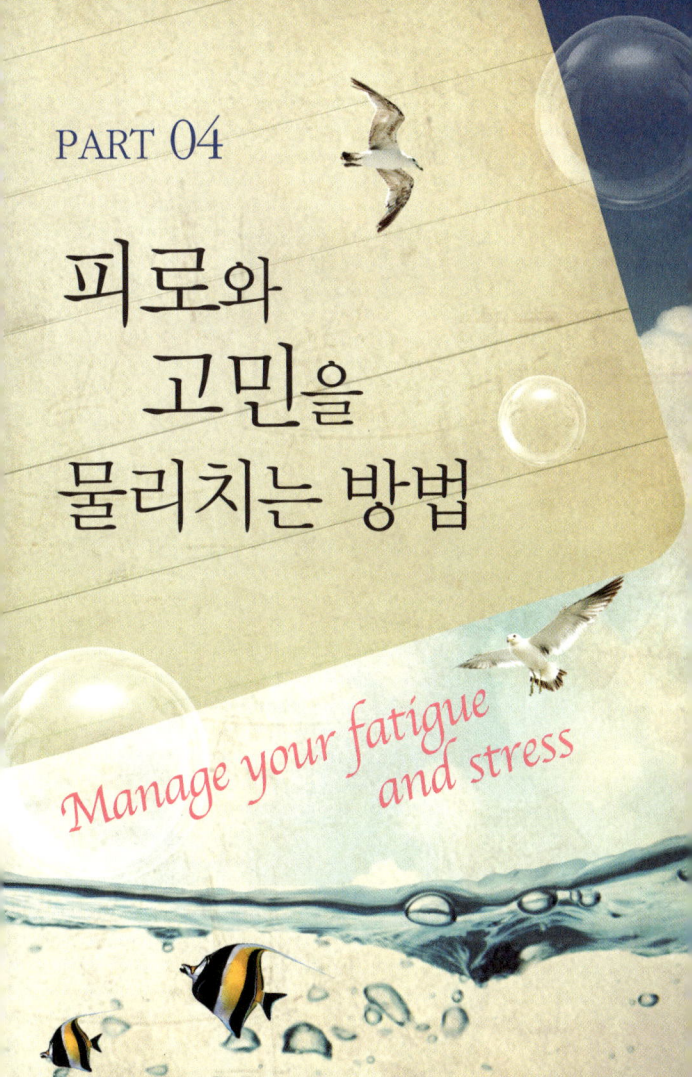

책상엔 당장 필요한 서류만 놓는다

MANAGE YOUR FATIGUE AND STREES

책상을 정돈하고 어떤 일에 결단을 내리는, 그런 기본적인 방법으로써도 고혈압이라든가 의무감, 끝없는 긴장 등을 방지할 수가 있을 것이다.

시카고 북서쪽 철도회사의 로랜드 윌리엄 사장은 이렇게 말한다.

"책상 위를 정리해 놓은 모습을 보면, 여러 가지 서류를 산더미처럼 쌓아 놓은 사람이 많다. 그러나 지금 당장 필요치 않은 것이라면 정리해 두는 것이 일처리를 더욱 쉽고 정확하게 할 수 있는 지름길이란 사실을 알아야 한다. 이것이야말로 능률을 올리는 첫걸음인 것이다."

워싱턴 국회도서관의 천장에는 포프의 시 한 구절이 새겨져 있다.

'질서는 하늘의 제 1법칙이다. 사업 또한 하늘 아래 있으니, 질서가 사업의 제 1법칙인 것은 분명하다. 그러나 대부분 회사원의 책상 위에는 몇 주일씩이나 들춰 보지도 않은 서류가 흩어져 있다. 날을 잡아 정리하면 몇 년 전에 잃어 버렸던 물건들이 튀어나올 정도다. 답장을 보내지 않은 편지, 보고서, 메모 따위로 흩어져 있는 책상은 보기만 해도 혼란과 긴장과 고민을 일으

키기기에 충분한 것이다. 그러나 그 이상으로 나쁜 것이 있다. '하지 않으면 안 될 허다한 일'과 '그것을 할 시간이 없다는 것'인데, 이것은 우리를 긴장과 피로 속으로 몰아넣을 뿐만 아니라. 고혈압·심장병·위암으로 발전시키는 것이다.

펜실베이니아 대학교의 존스 스토크 의과대학 교수는 노이로제에 대한 연구 결과를 발표했는데, 그는 제 1항목을 다음과 같이 지적하고 있다.

'하지 않으면 안 된다는 강박관념, 의무감, 그렇게 하지 않고는 못 견디는, 끝날 줄 모르는 긴장.'

책상을 정돈하고 어떤 일에 결단을 내리는, 그런 기본적인 방법으로도 고혈압이라든가 의무감, 끝없는 긴장 등을 방지할 수가 있을 것이다.

유명한 정신병리학자 윌리엄 사드러 박사는 이 간단한 방법으로 신경쇠약을 예방할 수 있었던 한 환자의 이야기를 들려주었다.

그 환자는 시카고에 있는 어느 대기업의 중역이었는

데, 스트레스와 신경과민으로 고민하고 있었다. 박사가 보기에도 금방 고꾸라질 지경이었는데 그는 일을 놓을 수 없는 형편이었기 때문에 도움을 받으러 온 것이었다.

그 사람이 박사와 상담하고 있을 때 전화벨이 울렸다. 박사는 전화를 받고 그 용건을 즉석에서 처리했다. 그것이 그의 방침이었던 것이다. 그런데 바로 또 전화가 걸려왔다. 그 전화는 긴급을 요하는 문제였으므로 한참 동안 이야길 나누었다. 그러고는 또 방해자가 나타났다.

중태에 빠진 환자 때문에 박사의 동료 의사가 찾아온 것이었다. 그 용건을 끝내고, 그는 손님에게 오래 기다리게 해서 미안하다고 말했다. 그런데 그 중역 환자는 명랑한 얼굴로 대답했다.

"천만에요. 괜찮습니다, 선생님! 여기 와 있는 20분 동안 참 많은 것을 배운 것 같습니다. 사무실에 돌아가면 이제부터 제 습관을 바꾸겠습니다. 그런데 선생님, 실

례의 말씀입니다만, 책상 속을 좀 볼 수 있을까요?"
박사는 쾌히 승낙하고 책상 서랍을 열어 보였다. 그런데 그 속은 텅 비어 있었다.
"처리하지 않은 서류는 모두 어디다 두십니까?"
"그런 건 없습니다. 받는 즉시 전부 처리하지요."
"답장을 보내지 않은 편지는요?"
"한 통도 없습니다. 나는 편지를 받으면 곧 회답을 보내고 있습니다."
그로부터 6주일 후, 그는 사드러 박사를 그의 사무실로 초대했다. 그런데 그는 전과 같지 않았다. 책상 위도 달라져 있었고, 책상 서랍 속에는 처리되지 않은 서류가 하나도 없었다. 그는 이렇게 말했다.
"6주일 전만 해도, 저는 두 개의 사무실에 세 개의 책상을 쓰고 있었습니다. 끊임없이 일이 밀려들어 책상은 온통 처리하지 않은 서류로 쌓여 있었죠. 그런데 선생님을 뵌 뒤에 돌아와서는 보고서나 오래된 서류를 모두 치워 버렸습니다. 저는 이제 책상 위에 한 가지 서류만 두고 일을 하며, 새로운 서류가 오면 곧 처리해 버리곤 해서 처리되지 않은 일로 짜증을 내거나 긴장하거나 고민하는 일이 전혀 없게 되었습니다. 게다가 가장 놀라운 것은 제 병이 완전히 회복되었다는 사실입니다."

미국 대법원장이었던 찰스 에반스 휴스는 이렇게 말했다.
"인간은 과로가 원인이 되어 죽지는 않는다. 낭비와 고민이야말로 곧 죽음의 원인인 것이다."
그렇다. 정력을 낭비하고 일에 대해 고민하기 때문에 죽음이 찾아오는 것이다.

중요한 일부터
처리한다

MANAGE YOUR FATIGUE AND STREES

조지 버나드 쇼는 '맨 처음 일을 맨 먼저 할 것!'을 엄중한 생활 규칙으로 삼았던 작가이다. 그렇지 않았다면, 아마 그는 일생동안 은행의 출납계원으로 남아 있었을지 모른다.

시티스 서비스 회사 창립자인 헨리 도티는 자신에게는 남들에게 드문 두 가지 능력이 있다고 했다. 그것은 생각하는 능력과 중요도에 따라 일을 처리해 가는 능력이었다.

무일푼으로 출발한 지 11년 후에 펩소던트 회사의 사장으로 출세한 찰스 럭맨은 그 두 가지 능력을 개발해서 성공했다고 말했다.

"나는 오래 전부터 아침 5시면 잠자리에서 일어납니다. 하루 중, 그 어느 때보다도 이른 아침에 깊고 정확한 사고를 잘할 수 있기 때문이죠. 나는 그때, 일거리를 중요도에 따라 처리할 수 있도록 하루의 계획을 세웁니다."

보험설계사로 크게 성공한 프랭클린 베트거는 하루의 계획을 세우는 데 아침 5시까지도 기다리지 않는다. 그는 전날 밤에 벌써 그 이튿날 판매할 보험 액수를 결정한다. 만일 그날 목표에 미달하면 그 잔액을 다음날의 목표액에 부가하는 것이다.

물론 반드시 모든 일을 중요도에 따라 처리할 수는 없다. 그러나 가장 중요한 일을 맨 먼저 한다는 계획은 무계획적인 것보다 훨씬 좋은 결과를 가져오는 것이다.
조지 버나드 쇼는 '맨 처음 일을 맨 먼저 할 것!'을 엄중한 생활 규칙으로 삼았던 작가이다. 그렇지 않았다면, 아마 그는 일생동안을 은행의 출납계원으로 남아 있었을지 모른다. 그의 계획은 매일 다섯 장씩 글을 쓰는 것이었다. 그는 계획에 따라 9년 동안 매일 5장씩 계속해서 썼다. 그리고 마침내 작가로 성공한 것이다.
명심할 것은 무인도에 살았던 로빈슨 크루소도 그날그날의 계획을 세웠다는 사실이다.

인간은 과로가 원인이 되어
죽지는 않는다.
낭비와 고민이야말로
곧 죽음의 원인인 것이다.

문제는 그 자리에서
처리한다

MANAGE YOUR FATIGUE AND STREES

어떻게든 매듭을 짓고 넘어가자는 결정의 결과는 놀라웠다. 행사 예정표는 말끔히 정리되고 일정표는 깨끗해졌다. 그리고 다시는 이사회가 며칠씩 계속되는 일도 없어졌다. 이런 방법은 우리 모두에게도 좋은 법칙이 된다.

지금은 고인이 되었지만, 내 제자였던 H. P. 하우엘은 나한테 이런 말을 한 적이 있다.

그가 강철회사의 이사로 있을 때, 이사회가 일단 열렸다 하면 며칠씩 걸리는 것으로 유명했다. 그런데도 하루에 결의되는 것은 겨우 몇 개의 안건밖에 되지 않았다. 그래서 하우엘을 비롯한 여러 이사들은 집에 갈 때도 그 두껍고 수많은 보고서를 가지고 가서 밤새 연구하지 않으면 안 되었다.

하나의 안건이 상정되면 그때마다 이사들로부터 수많은 의견이 쏟아져 나왔다. 생각하는 것도 다르고 판단하는 기준도 다르기 때문이지만, 그건 회사의 발전을 위해서 필요한 일이었다.

어떤 제품 판매가 안건에 올랐을 때 시장성이라든가 판매 부진의 가능성 등을 다각도로 짚고 넘어가지 않으면 안 되기 때문이었다.

문제가 되는 것은, 수많은 의견 가운데서도 지배적 의

견 도출이 되지 않을 때였다. 여러 소수 의견이 맞서거나 두 가지 의견이 팽팽히 맞설 경우, 우리는 그 결정을 뒤로 밀었다. 냉각 시간을 가진 다음 다시 의논해 보자는 의도였다.

그러나 의논 순위가 맨 뒤로 미루는 안건이 하나둘씩 자꾸만 늘어가자 시간은 더욱더 늘어지기만 했다. 아무리 생각해 봐도 그런 방식은 너무 비효율적이라고 판단한 하우엘은 이사들에게 이런 제안을 했다.

한 번에 한 안건만 상정시키고, 그 안건을 통과시키든 부결시키든 간에 뒤로 미루지 말고 어떻게든 처리한 후에 다음 안건으로 넘어가자는 것이었다.

왜냐하면 맨 뒤로 미루었다가 다시 토론에 들어갔을 때, 여전히 의견이 팽팽히 맞서는, 처음 논의할 때와 똑같은 상황이 반복되었기 때문이었다.

어떻게든 매듭을 짓고 넘어가자는 결정의 결과는 놀라웠다. 행사 예정표는 말끔히 정리되고 일정표는 깨끝해졌다. 그리고 다시는 이사회가 며칠씩 계속되는 일도 없어졌다.

이런 방법은 우리 모두에게도 좋은 법칙이 될 수 있다. 처리하지 못한 일들이 산적한가? 지금 바로 그것들을 해치우자.

대통령은
한가해야 한다

MANAGE YOUR FATIGUE AND STREES

곰곰이 생각해 보면 당신은 일을 하기 위해 태어 난 것이 아니다. 살기 위해, 그것도 만족스러운 삶을 위해 일하는 것이다. 그렇게 전전긍긍하면서 사는 것은 아무런 도움도 되지 못하며 결국 만족스러운 삶도 가져다주지 못한다.

사업가뿐만 아니라 조직의 중간 관리자 이상의 사람들 중에는 직무를 다른 사람에게 대행시킬 줄 모르고, 자기 혼자의 힘으로 강행하려 하다가 요절하고 마는 사람이 많다.

그런 사람들은 대개 능력이 출중하다. 일이 떨어지면 어떤 방식으로든 해결 방법을 찾고, 밤을 새워서라도 그 일을 완수 하는 것이다. 그래서 그들은 자신감에 차 있고, 조직으로부터 능력을 인정받으며 출세 가도를 달린다. 인정받고 출세하는 것은 좋은 일이나 그 내면을 살펴보면 무조건 흐뭇해할 만한 일은 아니다.

부하 직원을 시키면 불안하거나, 부하 직원이 하는 꼴을 보고 있다 보면 답답하고 속이 타서 자신이 팔을 걷어붙이고 나서는 유형이 있는가 하면, 일을 시킨 부하 직원이 일에 익숙해져 자신의 입지가 좁아질까 걱정하는 그런 사람들도 적지 않다.

어떤 경우든 생존 전략 차원이기에 무조건 손가락질을 할 수만은 없지만, 코앞만 보고 멀리 내다보지 못하는 근시안적인 전략인 것이다.

자신이 일을 도맡아 처리하면 부하 직원은 일을 배울 기회가 없어져 계속 자신이 일에 시달려야 하거나, 더 듬거리던 부하 직원도 언젠가는 업무에 익숙해져 상사의 뒤를 바짝 쫓아 올 수밖에 없기 때문이다.

그들 중에는 의외로 일 중독 환자가 많다. 일이 주어지지 않으면 조직이 자신을 불신하는 것 같고, 일을 하고 있지 않으면 조직으로부터 인정받지 못할 것 같으며, 잠시라도 쉬는 시간이 생기면 이런저런 생각과 고민으로 불안감이 엄습해 오기 때문이다.

그러나 곰곰이 생각해 보면 당신은 일을 하기 위해 태어난 것이 아니다. 살기 위해, 그것도 만족스러운 삶을 위해 일하는 것이다. 그렇게 전전긍긍하면서 사는 것은 아무런 도움도 되지 못하며 결국 만족스러운 삶도 가져다주지 못한다. 그보다는 자신의 일을 믿고 맡길 사람을 찾고, 그들을 잘 엮어서 조직을 갖춘 다음, 그 조직을 잘 이끌고 나가도록 자신의 통솔력을 발휘하면 되는 것이다. 그게 관리자로서 해야 할 일이고, 그런 일을 잘해야 진정으로 인정받을 수 있다. 그래야 당신도 만족스러운 인생을 즐길 수 있는 것이다.
세부적인 일은 장관들에게 고민시키고 대통령은 느긋하게 큰 전략을 구상하는 것이 바람직하며, 도대체 왕이 있는 건지, 없는 건지 백성들이 느끼지 못하는 세상이 살기 좋은 것과 같은 이치이다.

부하 직원들이 일을 잘 처리하도록 독려 하거나 독창적인 아이디어를 찾아 채택하는 방법을 배우지 않은 사람은 종국에는 긴장과 고민으로 인한 심장병과 과로로 갑작스런 죽음을 면치 못할 것이다. 당신은 그 증거를 아침마다 일간 신문의 부고를 통해 수없이 보고 있지 않은가?

남편보다 남자친구가
더 좋은 이유

MANAGE YOUR FATIGUE AND STREES

그들이 행복한 것은 흥미와 만족감은 충만한 대신 지겨움과 피로감은 느끼지 않기 때문이다. 흥미가 쏟아지는 일에는 기운도 넘친다. 가령 무뚝뚝하고 권위만 앞세우는 남편과 같이 산책하는 것은, 다정다감하고 부드러운 남자 친구와 수영하는 것보다 훨씬 더 피로한 것이다. 그렇지 않은가?

어느 날 저녁, 아리스는 몹시 피곤한 몸을 이끌고 집으로 돌아왔다. 그녀는 너무 지쳐서 저녁 식사도 하지 않고 바로 침대로 갔으나 어머니가 너무 걱정하는 바람에 간신히 식탁에 앉았다.

그때 전화벨이 울렸다. 그것은 아리스의 남자친구가 무도회에 초대하는 전화였다. 순간 그녀의 눈동자는 별처럼 빛났고, 그녀의 몸과 마음은 깃털처럼 가벼워졌다. 그녀는 2층까지 단숨에 뛰어올라가 푸른 야회복으로 갈아입고 무도회에 갔다. 그리고 새벽 3시까지 춤을 추고 집에 돌아왔지만 조금도 피곤하지 않았다. 오히려 그녀는 너무나 즐거워서 잠이 오지 않을 정도였다.

아리스는 8시간 전에 정말 피곤했던 걸까? 그때는 틀림없이 극심한 피로로 지쳐 있었고 자기 일이 지긋지긋했다. 심지어는 인생 자체에 싫증을 느꼈던 것이다. 그러나 그녀는 무도회에서 무거운 마음을 벗어 던지고 가벼운 걸음으로 돌아올 수 있었다.

1943년 7월, 캐나다 국방부에서는 캐나다 산악회에 등산 가이드 몇 명을 추천해 달라고 부탁했다. 특수 부대원의 등산 훈련에 필요했기 때문이다. 선발된 가이드는 경험이 풍부한 40~49세의 노련한 산악인들이었다.

그들은 젊고 팔팔한 군인들을 인솔하여 빙하를 건너고 설원을 횡단했는가 하면, 40피트 높이의 절벽을 올라갔다. 무려 15시간에 걸친 등반으로 원기 왕성하던 군인들도 완전히 녹초가 되고 말았다. 극도로 피로하여 식사도 하지 않고 쓰러져 잠든 군인들도 많았다. 그런데 그들보다 훨씬 연장자인 가이드들은 어땠을까? 물론 가이드들도 피곤해져 몹시 지쳤으나 젊은 군인들만큼 완전히 지친 사람은 하나도 없었다. 가이드들은 저녁밥을 먹고는, 완전히 쓰러져 자는 군인들 사이에서 몇 시간 동안이나 그날의 등산 이야기로 꽃을 피웠다.

20대의 젊은 군인들이 40대의 가이드보다 왜 그렇게

지쳤을까? 그때까지 훈련되지 않았던 근육들을 사용했거나 운동량이 많았기 때문에 지친 것일까? 특수부대의 격심한 훈련을 받아온 그들에게 그런 소리를 하면 아마도 피식 웃고 말 것이다. 그러면 왜 그랬을까? 그것은 그들이 등산하는 것에 '지겨움'을 느꼈기 때문에 피로하고 힘든 것이었으나 가이드들은 등산에 재미를 가지고 있었기 때문에 똑같이 등반하고도 지치지 않았던 것이다.

오클라호마의 한 석유회사 경리로 근무하고 있던 A양은 상상도 못할 만큼 단조롭고 지루한 일을 해야만 했다. 경리 장부에 숫자와 통계를 기입하고 수많은 영수증을 차곡차곡 정리하는 것이었다. 그 일이 너무나도 따분했기 때문에 그녀는 그것을 재미있는 일로 바꾸어 보자고 결심했다.

그녀는 일의 양과 자신을 경쟁시켰다. 매일 저녁 일을 마친 다음에 자기가 일을 얼마나 했는지 헤아렸다. 그리고 다음 날에는 그것보다 더 많은 일을 처리해 보려고 노력했다. 그 결과는 어떠했을까? A양은 경리과에서 누구보다도 많은 서류를 처리할 수 있었다. 그 일이 그녀에게 어떤 이득을 가져다주었을까? 경리부장의 칭찬이나 감사의 말, 아니면 승진이나 봉급 인상? 아니다.

그렇게 일과 경쟁하겠다는 발상이 그녀를 권태에서 오는 피로감으로부터 막아준 것이다. 그것은 그녀에게 정신적 자극을 주었고, 도전이란 욕구로 인해 에너지가 넘치게 되었으며, 그 외의 시간을 즐길 수 있게 되었다.

일리노이 주에 사는 발리 골든은 한 회사의 사무원인데, 어느 날 상사로 부터 지겨운 업무를 떠맡게 되었다. 골든은 솔직히 하기 싫어서 상사에게 불편한 기색을 보이며 일을 받았다. 그러나 주위를 둘러보니 그녀 말고도 그 일을 대신할 수 있는 사람은 너무 많았다. 그녀는 그 일을 누구보다 훌륭하게 처리하기로 마음 먹었다.

그런 생각을 하자 짜증이 차츰 가라앉았다. 그리고 그 일이 진짜로 싫지만, 즐거운 마음으로 하고 있는 듯이 보이려고 결심했다. 상사에게 짜증을 낸 것에 대한 사과의 표시이기도 했다.

그런데 그녀는 놀라운 사실을 발견하게 되었다. 일을 즐겁게 하는 것처럼 보이려고 노력만 해도 어느 정도는 실제로 즐거운 마음이 되는 것이었다. 그리고 또 일에 능률도 오른다는 것을 알게 되었다.

한스 바이힌게로 교수는 '행복한 것처럼' 행동하라고 가르치고 있다. 마음이 울적할 때, 일부러 경쾌한 노래를 부른다거나 휘파람을 불어보면 실제로 무겁던 마음이 풀리는 것 같은 느낌을 받게 된다.

만일 짜증나는 일, 너무 하기 싫은 일이지만 어쩔 수 없이 처리해야 하는 경우, 당신이 그 일에 진짜로 흥미가 있는 것처럼 일한다면 실제로 흥미가 생기게 된다. 그리하여 당신의 피로, 긴장, 고민을 경감시켜 주는 것이다.

고등학생 하란 하워드는 그의 인생을 완전히 바꾸겠다고 결심했다. 지겹기 짝이 없는 자기 아르바이트 일을 재미있게 만들겠다는 것이었다. 그의 일은 정말 형편없이 재미없는 것이었다. 다른 친구들이 방과 후나 점심시간에 야구를 한다든지 여학생들과 시시덕대고 있을 때, 그는 학교 식당에서 청소를 하거나 접시를 닦거나 학생들에게 아이스크림을 파는 아르바이트를 해야 했다. 그는 자기 일을 경멸하고 있었다.

그러나 그는 부족한 학비 때문에 아르바이트를 계속 해야만 했고, 이왕 하는 일이니 좀 지겹지 않게 해야겠다고 생각했다. 그래서 착안한 것이, 하루 종일 지겨울 정도로 팔아야 하는 아이스크림에 대한 연구였다. 이를테면 지겨운 것을 지겹지 않은 것으로 만들려는 시도였다.

그는 아이스크림이 어떻게 만들어지며, 어떤 재료가 쓰이고, 왜 맛이 좋은 것과 나쁜 것이 생기는지를 화학적으로 연구했다. 그 결과, 선생님이 자기 대신 시험문제를 내보라고 할 정도로 화학의 제 1인자가 되었다. 또 그는 점점 영양학에도 흥미를 가지게 되어 매사추세츠 주립대학에 입학해 식품공학을 전공했다.

그는 우수한 성적으로 졸업을 했지만 취직하기가 어려웠던 때여서, 매사추세츠 암허스트에 있는 자기 집 지하실에다 개인 연구소를 만들었다.

그런데 얼마 후에 우유를 팔려면 우유에 함유돼 있는 박테리아양을 표시해야 한다는 새로운 법률이 시행되었다. 그리하여 하워드는 암허스트에 있는 14개 우유 회사로부터 박테리아 수를 계산하는 일을 수주 받을 수 있었고, 갈수록 회사는 번창해 나갔다.

경기가 좋지 않을 때여서 다른 친구들은 일자리를 구하지 못하고 있었지만 그는 단지 지겨운 일을 지겹지 않게 해보자는 발상의 전환 때문에 젊은 나이에 회사를 경영하는 기업주가 되었던 것이다.

볼드윈 기관차 제작소의 사무엘 보큰레인 사장도 비슷한 경우다. 그는 17세에, 공장에서 하루 종일 선반

작업만 하는 선반공이었는데 온종일 볼트만 깎는 지긋지긋하게 단조로운 일이다.

일을 그만 두고 싶어도 다른 일자리를 구하는 것이 쉽지 않았다. 그래서 일을 하는 이상 어떻게든 재미있게 해보기로 마음먹었다. 그는 동료와 경쟁을 하기로 했는데 한 사람은 거친 표면을 고르게 깎는 일을 했고, 다른 한 사람은 그 볼트를 적당한 길이로 자르는 일이었다.

그들은 신호와 동시에 기계의 스위치를 켜고 누가 볼트를 더 많이 생산해 내는가를 내기했다. 그걸 본 현장 감독은 일을 빠르면서 정확하게 해내는 사무엘의 솜씨에 감탄했다. 그리곤 그에게 더 좋은 일을 맡겼는데 이것이 승리의 실마리였던 것이다.

그로부터 30년 후에 사무엘 보크레인은 볼드윈 기관차 제작소의 사장이 되었다. 만일 그가 권태로운 일을 즐겁게 만들기로 결심하지 않았다면 평생을 직공으로 보냈을지 모른다. 사람은 어떤 것에 흥미를 느끼거나

흥분했을 때는 피로해지는 일이 없다.
어느 뮤지컬을 보면 이런 말이 나온다.
'자기가 즐기는 일을 하는 사람들은 행복한 사람들이지.'
그들이 행복한 것은 흥미와 만족감은 충만한 대신 지겨움과 피로감은 느끼지 않기 때문이다. 흥미가 쏟아지는 일에는 기운도 넘친다. 가령 무뚝뚝하고 권위만 앞세우는 남편과 같이 산책하는 것은, 다정다감하고 부드러운 남자 친구와 수영하는 것보다 훨씬 더 피로한 것이다. 그렇지 않은가?

아침마다 자신을
후려쳐라

MANAGE YOUR FATIGUE AND STREES

우선 아침마다 자기를 매로 한 대씩 쳐라. 육체적 운동보다도 매일 아침 우리 자신의 행동을 격려하기 위한 정신적 운동이 훨씬 필요한 것이다. 날마다 스스로 힘을 돋우어야 한다.

유명한 라디오 뉴스 해설자인 칼텐본이 22살 때였다. 그가 영국에서 자전거 여행을 마친 후 파리에 도착했을 때, 몹시 배가 고팠지만 주머니에는 동전 한 푼 없었다. 그는 카메라를 5달러에 저당 잡히고 그 돈으로 〈뉴욕 헤럴드〉의 파리 판에 구직 광고를 내어, 어떤 회사의 세일즈맨으로 취직되었다.

칼텐본은 방문 판매를 했는데, 1년 동안 무려 5천 달러를 벌었으며, 세일즈맨으로서 곧 정상에 서게 되었다. 놀라운 것은 그가 프랑스 말을 전혀 못한다는 사실이었는데 프랑스 말을 못하면서 어떻게 일류 세일즈맨이 될 수 있었을까? 그는 우선 고용주에게 판매에 필요한 말들을 프랑스어로 써 달라고 해서 그것을 완전히 암기했다.

먼저 문간의 벨을 누르면 주부가 나온다. 칼텐본은 배를 움켜잡고 깔깔댈 만큼 우스운 악센트로 암기한 말들을 지껄인다. 그리고는 제품의 사진을 보이는 것이다. 그러다가 상대편이 뭐라고 질문을 할라치면 어깨

를 움찔하며 이렇게 말한다.
"아메리칸……으음, 아메리칸!"
그 다음에는 모자를 벗고, 안쪽에 붙여둔 판매용의 프랑스어 문구를 내보인다. 그러면 주부는 웃음을 터뜨리게 되는데 그도 따라 웃는다. 그리고는 다른 사진들도 보여주고……. 대개 이런 순서였다.
칼텐본은 이 얘기를 하면서 결코 쉬운 일이 아니었다고 말했다. 그런데 그는 이 일을 재미있게 하려는 결심 때문에 끝까지 수행할 수 있었다고 한다. 매일 아침마다 그는 집에서 출발하기 전에 거울을 들여다보면서 혼자 힘을 냈다는 것이다.

'칼텐본, 너는 이일을 해내지 못하면 밥도 굶게 되는 거다. 그런데 이왕이면 유쾌하게 해 보자.
문간에서 벨을 울릴 때, 네 자신을 조명을 받으며 서 있는 배우로 생각하고, 온 관중이 너를 보고 있다고 상상하라. 결국 네가 하는 일은 무대 위에서의 연극과 마

찬가지로 우스운 것이다. 왜 더 많은 흥미를 쏟아 넣지 않는가?

칼텐본은 이처럼 매일 되풀이하는 자기 격려의 말이, 처음에 그가 싫어하던 일을 흥미있게 하고 유익한 것으로 바꿔주었다고 말했다. 그는 또 이렇게 말했다.
"우선 아침마다 자기를 매로 한 대씩 쳐라. 육체적 운동보다도 매일 아침 우리 자신의 행동을 격려하기 위한 정신적 운동이 훨씬 필요한 것이다. 날마다 스스로 힘을 돋우어야 한다."
'우리의 일생은 자신의 생각에 따라 만들어진다.'
로마 황제이자 철학자로 유명한 마르크스 아우렐리우스의 「명상록」에 나오는 말이다. 1800년 전의 그 말은 오늘날에도 진리고 앞으로도 영원히 명언이다.

불면증을 치유하는
5가지 방법

MANAGE YOUR FATIGUE AND STREES

사실 불면증 때문에 고민하는 사람들은 그들 자신이 의식하고 있는 것보다 훨씬 더 많은 수면을 취하고 있다고 한다. '어젯밤에 한숨도 자지 못했다' 고 말하는 사람도, 사실은 자기도 몇 시간을 잤는지 모르는 것이다.

당신은 밤이 깊도록 잠들지 못할 때 고민하는가? 그렇다면 구체적으로 유명한 법률학자 사무엘 안터마이어가 일생 동안 숙면한 적이 없었다는 이야기에 흥미를 느낄 것이다.

안터마이어는 대학 다닐 때, 천식과 불면증으로 몹시 고통을 당했었다. 그는 두 가지 병이 모두 나을 것 같지가 않았으므로 잠이 오지 않을 때를 이용한다는 차선책을 실천하기로 결심했다.

그는 잠이 오지 않을 때, 밤새도록 엎치락뒤치락 거리며 고민하는 대신에 침대에서 일어나 공부를 했던 것이다.

그 결과는 어찌 되었던가? 그는 각종 우등상을 독차지하여 뉴욕 시립대학의 천재라는 칭송을 받게 되었다. 후에 변호사를 개업한 뒤에도 불면증은 계속되었지만 안터마이어는 고생하지 않았으며, 오히려 다음과 같은 말을 했던 것이다.

'자연이 나를 돌봐준다.'

자연이 그를 돌봐준다는 것은 사실이었다. 그는 극히 조금밖에 자지 못했지만 건강했으며, 뉴욕 법조계의 어떤 청년 변호사보다 정력적으로 활동했던 것이다. 그는 또 누구보다도 많은 일을 했는데 모두 잠자는 동안에도 일을 했기 때문이었다.

안터마이어는 21세라는 약관에 연 수입이 7만 5천 달러나 되었다. 그가 사건을 맡아 변론을 하는 날이면 그의 솜씨를 배우기 위해 청년 변호사들이 법정으로 몰려올 정도였다.

1931년 그는 어떤 사건 하나를 맡아, 당시 사상 최고 변호액인 1백만 달러를 현금으로 받은 일도 있었다. 그러나 그의 불면증은 여전했다. 그래서 밤중의 절반은 독서로 보내고, 아침에는 5시에 일어나 편지를 쓰곤 했다. 사람들이 일에 착수할 때쯤 그의 일은 벌써 반이나 끝나 있었던 것이다.

그는 일생 동안 단잠의 맛을 몰랐지만 81세라는 장수를 누렸다. 만일 그가 자신의 불면증을 고민만 했더라

면 아마도 그의 인생은 많이 달라졌을 것이다. 인간은 일생의 3분의 1을 잠으로 허비한다. 그러면서도 잠이라는 것의 참다운 의미를 모르고 있다.

잠자는 것이 '습관'이며, 또 그것은 자연의 가슴에 포근히 안기는 휴식의 상태라는 것을 모르고 있는 것이다. 또한 우리에게 몇 시간의 수면이 필요하며, 수면이 절대적으로 필요한 것인지에 대해서도 모르고 있다.

제 1차 세계대전 중에 폴 케른이라는 헝가리 병사가 대뇌의 앞부분에 관통상을 입고 치료를 받았다. 그런데 완치가 되었는데도 이상스럽게 불면증에 걸렸다. 의사들은 각종 진정제와 수면제, 심지어는 최면술까지도 시술해 보았지만 전혀 효과가 없었다.

폴 케른은 잠들기는커녕 졸음조차 느끼지 못했다. 의사들은 이구동성으로 그가 절대 오래 살지 못할 것이라고 했다. 그러나 그는 의사들의 판단을 비웃듯이 취직까지 하여 여러 해 동안 건강하게 살았다.

그는 누워서 눈을 감고 휴식은 할 수 있었지만 잠들지

는 못하는 사람이었다. 그의 예는 수면에 대한 우리의 상식을 뒤집은 의학상의 수수께끼인 것이다. 그런가 하면 어떤 사람들은 다른 사람들보다 더 많은 수면을 필요로 한다.

토스키니니는 하룻밤에 5시간의 수면이면 충분했지만, 칼벳 쿨리지는 그 2배 이상을 필요로 했다. 그는 하루에 11시간 이상을 잤던 것이다. 그러니까 토스카니니는 일생의 5분의 1을, 쿨리지는 약 2분의 1을 수면으로 소비한 셈이다.

불면증에 대해 고민한다는 것은 불면증 자체 이상으로 건강에 해로운 것이다.

실례를 들면, 뉴저지 주에 사는 아이라 샌드너는 만성 불면증으로 인해 자살 직전까지 갔다. 내 강좌의 학생이었던 그는 나에게 이렇게 고백했다.

'정말 미칠 것 같았습니다. 문제는, 그 전까지는 내가 잠꾸러기였다는 사실이었습니다. 아침에 탁상시계가 요란스럽게 울려도 잠을 깨지 못하고 출근 시간에 자

주 늦곤 했습니다. 사장한테 해고 위협을 받을 정도여서 나는 정말 심각하게 고민했습니다.
그래서 친구들에게 사정 얘기를 털어놓았더니, 어느 친구 하나가 잠들기 전에 탁상시계에다 주의력을 집중시켜 보라고 가르쳐 주었습니다. 그런데 그것이 나의 불면증의 원인이 되었지요. 그 지긋지긋한 탁상시계의 똑딱 소리가 내 신경을 사로잡고 말았던 것입니다.
나는 밤새껏 불안한 마음에 잠을 못 이루고 먼동이 틀 무렵이 되면 피로와 걱정으로 거의 병자가 되어 있었습니다. 이런 상태가 무려 8주간이나 계속되었지요. 그 당시의 고통은 도저히 말로 표현할 수 없을 정도였습니다. 나는 이제 미치고 말 것이라고 생각했습니다. 몇 시간이고 방안을 서성거리다가, 아예 창에서 뛰어내려 몽땅 끝내버릴까 하는 생각도 했었습니다.
그러다가 오래 전부터 잘 아는 의사를 찾아갔는데 의사가 이렇게 말했습니다.

"아이라, 나로서는 속수무책일세. 다른 의사들도 마찬가지일 거야. 밤에 침대에 들어가서 잠이 오지 않으면, 아예 그것을 잊어버리게. 그리고는 자네 자신에게 이렇게 말해.

'나는 잠들지 않아도 상관없어. 아침까지 깨어있어도 괜찮단 말이야.'

그런 다음에는 눈을 감은 채 이렇게 말하게.

'잠을 안자면 어때? 어쨌든 휴식을 취할 수는 있잖아.'

나는 그 말대로 했습니다. 그랬더니 두 주일도 못 가서 잠을 자게 되었고, 한 달쯤 후에는 무려 열 시간이나 잠을 잘 수 있게 되었습니다. 이제는 완전히 회복 되었고요."

아이라를 자살 직전까지 몰고 간 것은 무엇이었을까? 그것은 불면증이 아니라, 그것에 대한 고민이었던 것이다. 사실 불면증 때문에 고민하는 사람들은 그들 자신이 의식하고 있는 것보다 훨씬 더 많은 수면을 취하

고 있다고 한다. '어젯밤에 한숨도 자지 못했다'고 말하는 사람도, 사실은 자기도 몇 시간을 잤는지 모르는 것이다. 어떻게 해도 잠을 잘 수 없을 때, 당신이 자신에게 불면상태에 빠뜨리는 말을 하고 있기 때문인 것이다. 이것을 고치기 위해서는 자기 최면에서 깨어나야만 한다. 그리고 온몸의 근육에게 이런 말을 들려주어야 하는 것이다.

'쉬어라, 쉬어. 몸을 풀고 푹 쉬어라.' 근육이 긴장하고 있는 동안에는 몸도 마음도 쉴 수 없으므로 잠을 자려면 우선 근육부터 잠을 청해야 될 것이다.

전문가들은 아래와 같이 권하고 있다. 근육의 긴장을 풀기 위해서 무릎 밑에 베개를 받치고 팔 밑에도 작은 베개를 놓아둔다. 그리고 턱·눈·팔·다리한테 쉬라고 명령하면 어느새 잠들고 마는 것이다.

그밖에도 육체적인 운동으로 몸을 피곤하게 하는 방법도 좋다.

헨리 링크 박사는 불면증 때문에 고통스러워서 자살

기도까지 했던 환자에게 운동 요법을 썼다.
"만일 당신이 꼭 자살을 하겠다면, 적어도 영웅적인 방법으로 해 보시오. 예를 들면, 시내 한 복판에서 달리기를 끝없이 하다가 최후에 가서 쓰러져 죽는 것 같은 방법 말입니다."
그 환자는 그렇게 해 보았다. 한 번뿐만이 아니라, 두 번, 세 번을 해보았다. 그런데 그때마다 근육이야 어떻든 마음은 상쾌해지는 것이었다. 사흘째 밤이 되자, 그는 육체적으로 지치고 긴장이 풀려 뻣뻣한 막대기처럼 잠이 들어 버렸다. 링크 박사는 처음부터 그런 변화를 노리고 있었던 것이다. 그 후 그는 체육관에 가입해서 열심히 운동을 해 경기에도 나가게 되고, 자연스럽게 완전히 회복되었다.

불면증에 걸렸을 때, 다음 5가지 방법을 지키도록 하자.

❶ 잠이 오지 않으면, 잠자리에서 일어나 잠이 올 때까지 일을 하든가 독서를 하라.
❷ 수면 부족으로 죽은 사람은 없다는 사실을 잊지 말기 바란다. 불면증 자체보다 그것을 고민하는 것이 훨씬 해로운 것이다.
❸ 기도를 하든가, 두꺼운 책을 반복해서 읽는다.
❹ 온몸의 근육을 푼다.
❺ 운동하라. 손가락 하나도 까딱할 수 없을 만큼 몸을 피곤하게 만들어라.

PART 05

인생을
다스리는 법

Take control of your own life

무섭게
집중하라

LAWS GOVERNING IN LIFE

그는 무수한 실패에도 지치거나 포기하는 법이 없었고, 하나의 실패에서 방향을 수정하고, 또 다음의 실패에서 재차 수정하여 목표달성을 향해 일직선으로 나갔다. 그의 위대한 상상력과 지성, 목표에 대한 집중력과 열의가 그를 인류 사상 최대의 발명가로 만든 것이다.

당신의 마음속에는 불이 타오르고 있다.

그것은 무엇에 향한 열망의 불꽃이다. 그 불을 켤 수 있는 것도, 끌 수 있는 것도 오직 당신뿐이다. 당신이 무능하다면 그 불은 꺼질 것이고, 당신이 유능하다면 그 불은 활활 타오를 것이다.

그렇다면 어떻게 해야 그 불을 세차게 계속 타오르게 할 수 있을 것인가? 그것은 당신이 어떤 일을 맡아 이뤄야 할 목표를 결정했을 때 과감하게 그 목표를 향해 돌진하는 태도에서 비롯된다.

당신이 맡은 일에 흥미를 가져라. 우리는 대개 자신이 맡은 일에 소극적이고 수동적이다. 그래서 시키는 일에 애정을 가지고 흥미를 가진다면 당신은 성공의 길에 접어들게 될 것이다.

위대한 발명가인 토마스 에디슨은 집중력의 화신이

었다. 그는 어디서든 자신이 세운 목표에 몸과 마음을 불사를 정도로 열렬한 사람이었다. 에디슨의 발명품은 믿기 어려울 정도로 엄청난 양이고 귀중한 것들이다.

백열등을 비롯하여 개량형 금시세 표시기, 주식상장 표시기, 인자(印字)전신기, 이중전신기, 탄소전화기, 축음기, 에디슨 축전기, 영화 촬영기, 영사기, 자기선광법, 안전퓨즈, 적산전력계, 알카라인 축전지, 믹서, 건조기, 전기 철로, 유리 제조기, 평판유리 제조법, 동력 트랜스미션, 정지장치, 철로신호시스템, 광석 분리 방법 및 기기, 전력배분시스템, 열자기 발생기, 전기 철로용 트롤리, 확장가능 활차, 전기적 신호전달 방법, 전선 접합기, 전기자동차를 위한 프로펠링 기기 등등.

특히 그의 아이디어를 실용화하여 오늘날의 진공관이 탄생하였는데, 진공관은 라디오·장거리 전화·광선·발성 영화·텔레비전을 비롯하여 공업적으로 무수한 발명품으로 발전했다. 에디슨은 세계에서 가장 많은 것을 만든 발명가로 1천 93개의 발명품에 대한 특허를 얻었다.

그러한 에디슨은 학교에서의 정식 교육은 3개월 밖에 받지 못하였다. 그의 담임선생은 에디슨이 교실에서 날마다 잠만 자기 때문에 사회에 나가 결코 성공할 수 없을 것이라고 말했다. 그러나 그는 인류사에 영원히 남을 만큼 위대한 사람이 되었다.

1928년, 의회는 그에게 금메달을 수여했다. 에디슨의 위대한 성공의 비결은 무엇이었을까? 그는 어떤 목표가 정해지면 생활 자체를 철저하게 그 목표에 맞추어 움직였다. 그는 계획을 세우면 그것에 관한 책들을 섭렵하고 완전히 몰입하여 피로함도 잊은 채 독서로써 나날을 보냈다. 그 목표에 대해 무서운 '집중력'을 보였다.

에디슨은 사람들에게 다음과 같이 말했다. "용기를 내십시오! 나는 사업하면서 많은 어려움과 좌절을 맛보았습니다. 미국은 늘 어려움을 딛고 일어서 더욱 강해지고 더욱 번영하게 되었습니다. 뭔가 더 나은 방법이 반드시 있습니다. 그걸 찾으세요. 열심히 일하는 걸 대체할 수 있는 건 세상에 없습니다. 쉼 없는 노력과 지금에 만족하지 않는 태도야말로, 진보의 필수 조건입니다. 뭔가를 포기했을 때가 사실은 성공의 문턱 바로 앞이었을 때가 많습니다. 실패란 바로 그런 것입니다. 포기하지 마세요. 당신의 조상들이 그러했던 것처럼, 용감해지세요. 굳건한 신념을 갖고 전진하십시오."

그는 무수한 실패에도 지치거나
포기하는 법이 없었고, 하나의 실패에서
방향을 수정하고, 또 다음의 실패에서
재차 수정하여 목표달성을 향해
일직선으로 나갔다.
그의 위대한 상상력과 지성, 목표에 대한
집중력과 열의가 그를 인류 사상 최대의
발명가로 만든 것이다.

해야 할 일은
즐겨라

LAWS GOVERNING IN LIFE

당신은 목표 달성의 과정에서 실패를 범할 수도 있을 것이다. 그때 자학한다든지 실망해서는 안 된다. 그리고 당신이 인간이라는 사실만을 생각하면 된다.

*목표를 가진다는 것은 창조적이고
유용한 정신 집중의 수단이 된다.*

당신은 목표를 갖지 않으면 안 된다. 어떤 것이든지 간에 언제나 목표를 가지고 있어야만 하는 것이다. 사람들은 아침에 눈을 뜨고 침구를 정리하면서부터 그날 일을 걱정한다. 전날에 마무리하지 못한 일에 대한 걱정, 장사가 잘 되지 않을 것 같은 예감, 뭔가 좋지 않은 일이 일어날 것 같은 걱정 등으로 하루를 시작하는 것이다.

그것은 거의 습관적인 것이다. 이제 당신은 걱정을 희망으로 바꿔야 한다. 지난날은 생각하지 말자. 하루하루가 전부다. 그렇게 되면 당신에게는 항상 새로운 날이 시작되고 보람된 삶이 펼쳐질 것이다.

그러기 위해서는 우선 희망이란 목표가 있어야 한다.

어제 다 못한 일을 오늘은 반드시 마무리 짓겠다든지, 어떤 상담을 반드시 성사시키겠다는 강력한 목표가 그것이다. 다만 그 목표는 당신에게 행복감을 가져다 줄 수 있는 것이어야 한다.

그 목표는 남이 당신에게 강요하는 것이 아니라, 본인 스스로 세우는 것이어야 한다. 그렇지 않으면 노력에 대한 보람이 없을 것이기 때문이다. 이성을 가진 인간으로서 사고를 비판하고 부적당한 것을 배제하면서 그것이 과연 달성하고 싶은 목표인지 아닌지를 자신에게 물어 보아야할 것이다.

목표 달성의 과정에서 실패를 범할 수도 있을 것이다. 그때 자학한다든지 실망해서는 안 되며 인간이라는 사실만을 생각하면 된다.

어린이는 시행착오를 반복하면서 배운다. 어른도 마찬가지다. 건설적인 비판은 도움이 되지만 죄의식으로 자책하는 따위는 자신의 파괴를 가져올 뿐이다.

로마 공화정 말기의 으뜸가는 시인인 호라티우스의 통찰력은 2천 년 후인 오늘날에도 살아 있는데 그는 다음과 같이 쓰고 있다.

'화살은 언제나 겨냥한 곳만 맞힐 수는 없다.'

그것은 위대한 진리다. 때때로 과녁을 맞히지 못할 때가 있을 것이다. 또한 어떤 날은 전혀 아무런 목표도 세우지 않고 아침을 시작하기도 할 것이다. 그런 날은 하루 종일 실패하기가 쉽다. 그러나 다음날에는 현명한 목표를 가지고 새로운 생활을 할 수 있게 된다.

희망은 항상 미래의 일이라는 점에서 값싸게 살 수 있다. 그리고 끊임없이 쇄신되는 공산품과 비슷하다. 낡은 희망이 사라지면 즉각 새 희망이 솟아나기 때문이다. 하지만 헛된 희망, 오로지 희망만으로 가득 찬 삶이 현실을 직시하는 삶보다 더 훌륭하고 고결한 것일까? 니체의 유명한 말이 있다.

'희망은 인간의 고통을 연장시킨다는 의미에서 가장

나쁜 악이다.'

희망을 미덕이 아닌 약점으로 해석하는 견해는 우리 모두 진실을 깨달아야 한다고 주장한다. 그러나 희망을 옹호하는 사람들은 인간에 관한 유일한 진실은 인간에게 고통을 견디는 능력이 있다는 것과 인간은 모두 죽는다는 사실뿐이다.

우리가 할 일은 창조밖에 없다. 그런데 희망없이 무엇을 만들어 내겠는가?

영국의 작가 조지 엘리엇은 이렇게 쓰고 있다.

'생활을 황량하게 만드는 것은 동기의 결핍에 있다.'

당신의 생활을 황량하게 만드는 것은
자신인 것이다. 자신에게 동기를 주지 않으면
안 된다. 필요한 것을 만들기 위해
시멘트를 비벼 넣어야만 하는 것이다.
그리고 모터를 가동시켜 자신이 만든 길을
달리는 것이다.

아주 단순한
목표에 집중하라

LAWS GOVERNING IN LIFE

당신은 하루하루 그리고 순간순간을 충실하게 살아가는 법을 배워야 한다. 아무리 작은 목표라도 달성하기 위해 당신의 힘이 미치는 데까지 최선을 다해야 하는 것이다.

목표를 정하는 데 당신은 토마스 에디슨에게서 교훈을 얻을 수 있다.

에디슨은 목표를 추구하는 데 굉장히 치열하고 엄격한 사람이었다. 그렇게 얘기한다면 당신은 이런 반박을 할지 모르겠다.
'에디슨 같은 유명한 사람이나 그럴 수 있는 거지, 나같이 평범한 사람이 어떻게 그렇게 해?'
그것은 정말 잘못된 생각이다. 문제의 본질을 잘못 생각하고 있는 것이다. 물론 에디슨은 위대하다. 그러나 분명한 것은 그도 지극히 평범한 사람이라는 것이다. 만일 당신이 에디슨을 직접 만났더라면 그의 평범한 모습에 놀랐을 것이다.
그러나 에디슨은 목표를 세우고, 그 목표를 믿고, 그 목표를 추구하며 살았다. 목표는 그의 생활이었고 그의 나날이었다. 목표를 매일 세우고 그것을 향해 계속 열정을 불태우는 것! 에디슨에게서 그것을 배워야 한다.

당신 속에서 타오르는 불을 느끼는 것, 바로 그것이 생활한다는 것이다. 우리는 한 사람 한 사람이 개성있는 다른 사람이다. 따라서 각기 다른 목표를 갖게 된다. 그러나 목표에 대해 품는 열렬함과 불타는 의지, 돌진하고픈 감정은 공통적인 것이다.

바다를 너무나 사랑하는 사람이 있다. 그는 바다와 관계된 일이라면 아주 조그만 것에서도 큰 기쁨을 얻는 사람이다. 바다를 말할 때 그의 눈은 새로운 생명을 얻은 듯 반짝이고, 바다를 볼 때 그의 온 몸은 환희로 가득 찬다.

그는 바다 속에 들어갔을 때 너무나 아름다워 그냥 거기 남고 싶어진다고 말한다. 생명을 잃을 것이라는 생각조차 못하게 할 정도로 그에게 바다는 매혹적인 것이다. 그는 언제라도 바다에 뛰어들고 싶은 사람으로 그에게 바다는 포도주요, 시와 음악인 것이다.
우리는 자신이 목표한 것에 따라 작가, 시인, 화가, 정치가, 발명가 등으로써 유명해지기를 바란다. 그것은 자신이 하는 일을 진정으로 사랑하지 않기 때문이다. 자신의 일을 사랑한다면, 유명하던 유명하지 않던 신경 쓰지 않을 것이다. 유명해지고 싶어 하는 것은 값싸고 하찮고 어리석은 아무런 의미도 없는 것이다.
당신의 목표는 이 같은 자신의 일에 대한 사랑이다. 목표에 대해 뜨거운 열정을 느끼게 되면 생활은 생기로 가득 차게 된다.
우리의 감정은 죽어있는 경우가 너무나 많다. 그것을 생활을 통해 되살려야만 한다. 과연 당신은 하루하루를 바람직한 모습으로 시작하는 것일까?
당신은 경험할 때마다 가능한 한 완전하고 깊게 그 경험을 끝까지 해야만 한다. 그 경험에 대해 철저하게 생각하고, 그 경험을 넓고 깊게 느껴야하는 것이다. 그 경험이 주는 고통과 기쁨, 자신의 판단과 동일시를 자각해야 한다. 이렇게 경험을 완성해야만 목표가 가능하다. 당신은 하루하루를 일 년처럼 살 수 있어야 한다. 우리는 현재를 어떤 목표에 이르기 위한 수단으로 생각한다. 그래서 현재의 그 엄청난 의미를 잃어버리기 쉽다. 현재는 영원한 것이다.

하루하루 그리고
순간순간을 충실하게 살아가는 법을
배워야한다. 아무리 작은 목표라도
달성하기 위해 당신의 힘이 미치는 데까지
최선을 다 해야 하는 것이다.

두려움을
생각하지 말라

LAWS GOVERNING IN LIFE

알려진 것의 경계를 건너는 순간 두려움이 생기는데, 당신은 무엇을 해야 할지, 무엇을 하지 말아야 할지 모르기 때문이다. 이제 당신은 자신을 확신하지 못할 것이며, 실수가 생길 것이고, 옆길로 갈 수도 있다. 그것이 알려진 것에 가두는 두려움이며, 일단 알려진 것에 구속되면 당신은 죽은 셈이다.

58세의 한 여성이 이런 얘기를 했다.

"내 남편은 이미 사망했고, 자식들도 모두 내 곁을 떠나버렸습니다. 나는 곧 늙어빠진 여자가 되어 버릴 것입니다. 지금도 몸이 아파서 괴롭습니다. 그런 판국에 무슨 목표가 있을 수 있겠습니까?"

또 23세의 한 젊은 남자는 이렇게 고백했다.

"저는 혼자 이렇게 생각할 때가 많습니다. 나도 내 생활을 설계할 나이가 된 만큼 최선을 다해 인생을 가꾸어 나가야 합니다. 하지만 이 복잡하고 미치광이 같은 세상에 그게 가능한 일일까요? 어떤 나라에서 수소 폭탄을 떨어뜨려 인류가 몽땅 멸망할지도 모르는 일이 잖아요? 그런데 뭐 하러 안달하면서 살아야 하는지요?"

이러한 부정적인 사고방식을 가진 사람들이 의외로 많은 것을 보고 무척 놀랐다.

"뭐, 틀린 말은 아니지 않습니까? 당신은 아니라고 부정할 수 있습니까?"

그들은 그렇게 말했다. 그러나 나는 부정한다. 그런 생각은 일부를 제외하고는 진실이 아니기 때문이다.

58세의 여성이 안고 있는 두려움은 확실히 사실이다. 그러나 그녀는 자신에게 생활할 권리가 있다는 점을 간과하고 있다. 자신의 세계 안에서 무엇인가 할 일을 생각하면서 자아 발전을 위해 친구도 사귀고, 삶을 풍요롭게 만들기 위해 취미를 갖는 등 해야 할 일은 얼마든지 많을 것이다.

두려움에 가득 차 있는 사람들은 알려진 것 너머로 움직일 수 없다. 알려진 것은 안락함, 안정, 안전을 주는데 그것은 알려졌기 때문이다. 사람은 상황을 다루는 법을 안다.

알려진 것의 경계를 건너는 순간 두려움이 생기는데, 당신은 무엇을 해야 할지, 무엇을 하지 말아야 할지 모르기 때문이다. 이제 당신은 자신을 확신하지 못할 것이며, 실수가 생길 것이고, 옆길로 갈 수도 있다. 그것이 알려진 것에 가두는 두려움이며, 일단 알려진 것에 구속되면 당신은 죽은 셈이다.

23세의 젊은이는 위험에 대해 너무 신경과민이다. 물론 그 젊은이 말대로 이 세상은 분명히 무수한 위험으로 가득 차 있다. 그러나 언제 위험에 부딪칠지 모른다고 살아가는 것을 중단하는 것이 말이나 되는 것인가? 인생에서만 오직 위험스럽게 살 수 있다. 인생이 원숙함, 성숙에 이르는 것은 오로지 위험을 통해서만 얻을 수 있다. 모험가나 탐험가가 될 필요가 있으며, 알려지지 않은 것을 위해 알려진 것을 늘 위험에 내맡길 필요가 있다. 일단 자유와 용기의 기쁨을 맛보면 결코 후회하지 않는데, 그때 당신은 인생의 횃불이 타오르게 하는 일이 무엇을 의미하는지 알게 된다.

미국은 거친 자연과 싸워야 했고 들짐승과 호전적인

인디언과 치명적인 질병 등의 위협에 필사적으로 저항하며 살았다. 그리고 1백 50년 전에는 남북전쟁으로, 96년 전에는 제 1차 세계대전으로, 또한 수백만 명이 대공황의 성난 파도에 휩쓸려 죽었다.

이런 위험이 닥칠 때마다 사람들은 숨이 막히는 듯한 충격과 두려움에 어쩔 줄을 몰라 했다. 30년 전까지만 해도 인류는 여러 가지 무서운 질병으로 고통을 당하고 죽어갔다. 지금은 모두 고칠 수 있는 질병들이다.

인류사의 어느 시대를 보아도 위험이 없었던 적은 없었다. 따라서 인간은 위험과 함께 생활하고, 위험에 대처하며 생활에 나가지 않으면 안 된다.

당신의 삶 또한 모든 것을
잃을지 모를 위험을 내포하고 있지만,
그렇기 때문에 더욱 풍요로운 삶을
영위하기 위해 노력해야 하는 것이다.
그것이 위험을 물리칠 수 있는
유일한 길이기 때문이다.

PART 06

하루하루
목표를 가져라

Set new goals every day

당신의 시계는 빨리 가는가

SET NEW GOALS EVERY DAY

다른 사람들은 바쁘게 뛰어가고 있는데, 쪼그리고 앉아 가만히 생각에 잠겨 있는 사람들이 있다. 그들은 분명히 자신을 불쌍하게 여기고 있다. 그들은 자신에게 주어진 삶을 온전하게 살아가고 있는가? 아니다. 그들은 반쪽 인생을 살고 있는 것이다.

당신은 하루를 어떤 식으로 보내는가? 손목시계의 매 시간, 매분이 굉장한 기회가 되고 있는가, 아니면 무거운 부담이 되고 있는가?

자신에게 혹시 이렇게 말하고 있지는 않은가 생각 해 보자.

"아, 시간이 왜 이렇게 더디 가지? 앞으로도 2시간이나 남았네?"

그렇게 말하는 당신에게 시간은 정말 느리게 흘러간다. 그러나 새로운 것, 처음 보는 기계라든가 새로 알게 된 지식 같은 것에 대하여 긴장하는 사람들, 그리고 두려워하지 않고 그런 것들을 향해 모험을 감행하는 사람들에게는 시간이 너무나도 빨리 흘러가 버린다.

이렇듯 이 세상의 모든 것에 대해 흥미를 갖고 있는 당신에게 시간은 너무나 모자란 것이다. 다른 사람들은 바쁘게 뛰어가고 있는데, 쪼그리고 앉아 가만히 생각에 잠겨 있는 사람들이 있다. 그들은 분명히 자신을 불쌍하게 여기고 있다.

그들은 자신에게 주어진 삶을 온전하게 살아가고 있을까? 아니다. 그들은 반쪽 인생을 살고 있는 것이다. 혹 당신이 그런 사람이라 하더라도 너무 부끄러워하지 말라. 안타깝게도 이 세상에는 당신 같은 사람이 수백만 명이나 있지만, 당신만이라도 이제부터 부끄럽지 않은 인생을 만들면 되는 것이다.

그러기 위해서는 행동으로 옮겨야 한다. 직면한 일을 기쁘고 감사하게 느낀다면 행복을 얻을 수 있고 새로운 에너지가 생길 수 있도록 자신을 변화시켜야 한다. 사람들과의 친교를 위해 적극적으로 노력하고, 금전제일주의와 무관심과 고정관념과 맞서야만 힘과 기쁨이 생기는 것이다.

당연한 얘기지만 우리는 그런 기초적인 진리를 놓치고 살 때가 많다. 그리고 그것 때문에 오랫동안 고민하고 괴로워하곤 한다.

아침에 잠자리에서 눈을 떴을 때, 이렇게 다짐해야 하는 것도 진리다.

'시간을 허비하지 말고 적극적으로 활용하자.'

이렇게 해야 그날 하루가 즐겁고 유익한 것이 되기 때문이다. 이 세계를 움직일 수는 없겠지만, 당신의 세계만큼은 변화시킬 수 있을 것이다.

아침에 '오늘 하루를 열심히 살자'라고 맹세하는 남자가 있다. 그는 아침을 많이 먹는다. 아침을 먹고 나면 배가 두둑하다. 하지만 의학적으로 따져보면 뱃속에 음식물이 차면 피가 위장으로 모여 머리가 멍해진다. 그러니 하루를 활기차게 시작하려면 아침에 너무 많이 먹지 않는 것을 권한다.

불행하게도 많은 사람들이 자신의 생활에 대해서 소극적이며, 그 즐거움을 추구하려고 하지 않는다. 나는 지금이라도 그런 생활을 당장 때려치우라고 부탁한다. 뭐든지 하고 싶은 일을 적극적으로 하는 것이 창조적인 생활의 시작이기 때문이다.

당신은 언제든지 원한다면 낚시를 하러 갈 수 있고, 일광욕도 할 수 있으나 문제는 그것을 적극적으로 해야 한다는 것이다. 하는 둥 마는 둥 그저 되는대로 해서는 안 된다.
예를 들어, 당신이 낚시에 전념하지 않으면 아마도 물고기란 놈은 이렇게 말할 것이다.
"어쩐지 이 미끼는 물고 싶지 않은데? 미끼를 좀 싱싱한 것으로 바꿀 수 없나?"
아침에 일어나서 텔레비전을 보고, 신문을 보고, 극장이나 식당에 가서 식사하는 것이 하루, 일주일, 한 달처럼 똑같이 느껴지는가? 똑같은 일을 매일 반복하면 습관성에 빠지기가 쉬운데, 그렇더라도 그 일을 되도록 적극적으로 해야 한다.
매일 매일을 적극적으로 사는 자세가 무엇보다도 중요한 일이라는 사실을 명심하고 반드시 실천하라고 부탁한다.

매일매일을 적극적으로
사는 자세가 무엇보다도
중요한 일이라는 사실을 명심하고
반드시 실천하라고 부탁한다.

생산적인 일의 기쁨

SET NEW GOALS EVERY DAY

자신의 일을 발견한 사람은 이미 대단한 은혜를 입고 있는 사람이다. 그는 그 이상의 혜택을 바라서는 안 된다. 아무리 사소한 일이라도 열중하는 순간, 영혼은 순식간에 조화를 이룰 수 있다.

오후 퇴근 시간 무렵, 도심지를 활보해 보았는가? 그 시간 직전까지만 해도 크게 붐비지 않았던 거리가 그 시간이 되자마자 퇴근하는 사람들로 가득 찬다.

직장에 8시간 있었던 것이 그렇게 지겨웠던 것일까? 일하는 것이 무슨 가혹한 고문이라도 당하는 것처럼 괴로운 것이었을까? 많은 사람들이 자신의 일을 매우 싫어하는 것 같다. 일을 하는 게 아니라, 하루 종일 퇴근 시간을 기다리는 사람들처럼 생각될 정도다.

당신은 그런 사고방식에 동의하고 있는가? 당신도 그들처럼 1분이 멀다 하고 시계가 닳아빠지도록 쳐다보는가? 나는 그들의 사고방식에 찬동할 수 없다. 일을 하면서 돈을 벌고, 일을 사랑하는 마음까지 배울 수 있는 좋은 기회인데, 왜 그런 기회를 놓치고 있는가?

스코틀랜드의 수필가이자 사학가인 토마스 칼라일은 다음과 같이 말하고 있다.

"자신의 일을 발견한 사람은 이미 대단한 은혜를 입은 사람이다. 그는 그 이상의 혜택을 바라서는 안 된다.

아무리 사소한 일이라도 열중하는 순간, 영혼은 순식간에 조화를 이룰 수 있다." 나는 칼라일의 전체 사상에 대해서는 동의하지 않지만, 이 말에 대해서 만큼은 군소리 없이 찬성할 수 있다.

일을 함으로써 영혼의 조화를 유지하고 있는 사람들의 경우, 일자리를 잃는다든지 일을 손에서 놓으면 그들은 갑자기 위축되고 만다. 심지어는 용모도 변하고, 생기발랄했던 눈마저도 빛을 잃어버리고 말기 때문이다. 그런가 하면 자신에게 맞지 않은 일에 종사하고 있다.

일에서 기쁨을 얻을 수 없는 그들은 노예들과 다름없는 신세로, 그저 돈 때문에 일을 하고 있을 뿐이다. 따라서 그들은 자신의 일에 전심전력을 기울이는 사람들이 느끼는 커다란 기쁨을 알지 못한다. 당신이 만일 그런 상태라면 무언가 고칠 방도를 궁리해야 한다. 일하며 사는 보람을 느끼지 못하는 사람에게는 희망이 없기 때문이다.

당신은 당신의 일에 주의를 기울여본 적이 있는가? 고정관념에서 벗어나 새로운 시각으로 당신과 일을 고찰해본 적이 있느냐는 얘기다.

"지겨워! 이 일은 정말 나한테 맞지 않아!" 이렇게 불평만 하고 있을 것인가? 그런 차원에서 벗어나 마치 이제 막 사회에 진출한 신입사원 같은 신선한 시각으로 자신의 일을 대해야 한다.

하지만 아무리 생각해 보아도 정말로 당신이 직업을 잘못 선택한 것 같으면, 당신은 하루빨리 다른 일을 찾지 않으면 안 된다. 지금보다 신나게 일할 수 있는 일자리가 생긴다면, 다소 월급을 덜 받게 되는 자리라 하더라도 적극적으로 전직을 고려해야 한다.

만약 그것마저 불가능하다면 다양한 취미 생활을 즐기도록 하라. 테니스에 열중한다든가, 그림 그리기, 악기 연주하기, 글쓰기, 자전거 타기, 우표 모으기 등 취미생활을 즐겨라. 물론 어영부영 대충하는 식보다는 흠뻑 빠져드는 것이 바람직하다. 그럼으로써 직업에 대한 불만을 대신할 만족감을 얻을 수 있고, 새로운 의욕이 취미 활동으로 인해 활력을 준다. 어쨌든 타성에 젖어 생활해서는 아무런 이득이 없다.

또한 당신은 장래에 대한 계획을 세워야 한다. 현직에서 은퇴한 후에 무슨 일을 하면서 살아갈 것인지 까지도 생각해 두어야 한다. 나는 이제 65세가 지났지만 끊임없이 일을 하고 있다. 그리고 75세가 되어도 무슨 일이든지 계속하고 있을 것이다.

그런 생각은 나를 만족시켜준다. 사회가 필요로 하는 한 나는 끊임없이 일을 할 것이고, 그럼으로써 즐거운 생활을 충분히 지속할 수 있을 테니까 말이다.

자신의 일을 사랑하고 열중할 때, 비로소 기쁨이 용솟음친다. 그리고 성공의 기회 또한 거기에서 출발하는 것이다.

러시아의 대문호 톨스토이는 이렇게 설파했다.

"인간은 자기 일에 몰두할 때 행복할 수 있다."

그것은 확실한 진리인 것이다.

아무리 사소한 일이라도 열중하는 순간,
영혼은 순식간에 조화를 이룰 수 있다.
자신의 일을 사랑하고 열중할 때,
비로소 기쁨이 용솟음친다.
그리고 성공의 기회 또한 거기에서
출발하는 것이다.

당신의 시간을
즐겁게 보내라

SET NEW GOALS EVERY DAY

당신에게는 언제든지 자유롭게 사용할 수 있는 훌륭한 도구가 있다. 그것은 바로 '지혜'를 말한다. 온갖 실패와 고통과 갈등 그리고 성공을 통해서 획득한 그 지혜의 눈으로 여가 시간의 의미를 꿰뚫어 보아야 한다. 그것은 얼마나 귀중한 선물인가?

*우리는 어떤 일을 마쳤을 때
'시간'이라는 선물을 받는다.*

바쁜 일상에서 벗어나 여유가 생겼다고 하자. 당신은 과연 그 선물을 어디에 쓰고 있을까? 다락방에 처박듯이 아무 쓸모없이 먼지만 쌓이는 것은 아닌지, 아니면 삶을 빛내는데 사용하고 있는지?

만일 전자라면 당신은 엄청나게 지겨울 것이고, 후자라면 그 선물이 너무 작다고 여겨질 것이다. 원래 즐거운 시간은 순식간에 흘러가기 때문이다. 그 선물을 다락방에 처박아 두는 유형의 사람은 아마도 이렇게 말할지 모른다.

"나는 좀 한가한 시간을 갖게 되면 안절부절못할 정도야. 도대체 뭘 할지 모르거나, 계획한 것을 하나도 하지 못 할 때가 많아. 정말 문제야."

그런데 그것은 옳지 않은 시각이다. 당신에게 정작 문제가 되는 것은 시간이나 잘못 짜여진 계획이 아니라 당신 자신인 것이므로 분명히 문제를 알고 해결해야 한다. 소중한 선물인 시간을 허비해 버린다는 것은 정말 어리석은 짓이다.

아기들은 가끔 성질을 부리면서, 자기가 좋아하고 아끼고 사랑하는 것일지라도 부수어 버리고 만다. 그러나 이 책을 읽고 있는 당신은 적어도 어린아이는 아니지 않은가?

유아기는 벌써 오래 전에 보냈고, 아무 것도 몰라서 끊임없이 실수를 거듭하는 나이도 지났을 것이다. 지금 무엇을 어떻게 해야 하는지 알아야 한 번 겪은 시행착오를 다시 되풀이 하지 않는다.

당신에게는 언제든지 자유롭게 사용할 수 있는 훌륭한 도구가 있다. 그것은 바로 '지혜'인데 온갖 실패와 고통, 갈등 그리고 성공을 통해서 획득한 그 지혜의 눈으로 여가 시간의 의미를 꿰뚫어 보아야 한다.

벤저민 프랭클린은 이렇게 말했다.

"당신은 인생을 사랑하고 있는가? 그렇다면 절대로

시간을 낭비하지 말라. 인생을 구성하고 있는 요소 중에 시간이야말로 가장 귀중한 것이다."

당신은 그렇게 귀중한 것을 낭비하고 있지는 않은가? 돈지갑이라든가 핸드백을 쓰레기통에 던져버리는 어리석은 짓을 저지르지는 않으면서 말이다. 사실 돈 따위는 시간에 비하면 거의 무가치하며 소중한 여가 시간을 허비해서는 안 된다.

무관심해서도 안 되고, 그저 되는대로 보내서도 안 된다. 그 시간이 유쾌하고 즐거워 질 수 있도록 적극적으로 노력해야 한다. 그런데 의외로 주위에 그런 사람은 거의 없다. 왜 사람들은 값진 시간을 내다 버리고 마는가?

그것은 여가 시간의 소중함을 분명히 인식하지 못했기 때문일 것이다. 또한 일에 너무 지쳐서 그 시간을 어떻게 활용해야 하는지 생각조차 못하기 때문일지도 모른다. 분명히 인식해야 할 것은 재충전해서 다시 힘차게 일하려면 여가 시간이 절대적으로 필요하다는 사실, 그리고 그 시간이 우리 인생에 기쁨과 만족감을 준다는 사실이다.

우리는 기계가 아니라 인간이다. 일만 하면서 쉬지 않아도 되고, 일에 자신의 삶을 온통 맡기는 기계는 아닌 것이다. 다시말해 당신은 자신의 삶을 주관할 권리가 있고 지배할 수 있는 기회를 가졌다.

당신의 눈이라든가 심장, 다리, 손 따위처럼 그 시간만큼은 오로지 당신만의 것이다. 따라서 그 시간은 당신만이 사용할 수 있는 것이고, 사용 방법도 당신만이 결정할 수 있다.

거울 앞에 바싹 다가서라. 그리고 거울 속의 당신에게 진지하게 물어 보아라.

"넌 누구인가? 지금 무엇을 하려고 하는가?"

이 질문에는 어떤 대답이든지 꾸밈없이 해야 하며 결정을 하지 않은 상태로 있을 수 없다. 그랬을 때 자신을 돌아보게 되고, 행복하게 만들 수 있는 방법을 발견할 수 있다. 그리고 결정이 내려 졌을 때, 이해득실에 전혀 상관이 없는 것이라 하더라도 전력을 기울여야 한다. 당신에게 시간을 빌려주는 사람은 아무도 없으므로 테니스를 할 때는 테니스에만 열중하고, 정원을 가꿀 때는 그것이 세상에서 가장 중요한 일인 것처럼 열중해야 한다.

그때그때 한 가지 일에만 전념하고, 또 다른 일에 손대기 전에 그 일을 완전히 마무리 짓는 것은 굉장히 중요한 습관이다. 그런 습관을 몸에 익히는 것이 일을 창조적으로 수행하는 지름길인 것이다.

한꺼번에 여러 가지를 하지 말자. 그렇게 하면 그 어떤 것에도 정신을 집중시킬 수 없기 때문에 항상 한 가지에만 집중하고, 그 일을 완전히 마친 다음에야 다른 일로 넘어가자. 그렇게 하면 여가 시간을 충분히 확보할 수 있을 것이고, 창조적 생활을 즐길 수 있게 될 것이며, 그 생활을 통해서 만족을 얻게 될 것이다.

매일 목표를 가져라

SET NEW GOALS EVERY DAY

당신이 목표를 향해 매진할 때, 목표 달성에 도움이 되도록 여러 가지 환경을 바꾸어야 한다. 하나의 목표를 지향하는 방향 감각을 잃지 않게 다른 것에 신경이 분산되는 것을 주의하며 자신이 항상 일할 기분을 유지하도록 해야 한다. 목표 달성에 방해되는 조그만 행동도 결코 용납해서는 안 된다.

인간이 인간답다는 것은 어떤 목표를 세우고 자아 달성을 위해 노력한다는 것이다.

자신을 즐겁게 만들기 위해 목표를 세워야 하는데 올바로 사는 사람이라면 매일, 매주, 매년의 목표가 있다.
당신은 목표 달성을 위해 매진할 것인가, 아니면 대충대충 하루를 때우면서 자신의 못마땅함에 갈등을 겪으며 살고 싶은가? 즐거움을 얻고 싶은가, 그렇지 않으면 괴로워하면서 살고 싶은가? 그런 것들이 논란의 핵심이다.
너무 많거나 달성하기 힘겨운 목표보다는 당신이 노력하여 이룩할 수 있는 정도의 평범하지만 생산적인 목표를 세우고 그때그때, 또는 매일 매일의 목표를 시간 안에 달성하는 습관을 들여라.

물론 이 세상 어느 누구든지 목표를 갖고 있고 그것이 장엄하든 소박하든 모두 소중하고 의미가 있는 것이지만 문제는 목표를 선정함에 있어 너무도 엄격하다는 점이다. 한마디로 말해서, 시시하고 자질구레한 것보다는 거창하고 묵직한 것들만 목표로 삼아야 한다는 강박관념이 그것이다.

그래서 마침내 사람들은 소박한 목표를 달성해도, 핵무장이라든가 인종차별 따위의 철폐를 가져올 수 없을 것이라고 생각해서 어떤 목표를 세우는 일조차 하찮게 생각하며 포기하는 것이다.

세상을 조금도 변화시키지 못하는 자기네들의 목표는 너무나도 시시하고 재미없는 것이라고 느끼지만 그것은 분명히 잘못이다. 당신은 지구를 몇 바퀴 돌며 세계적 위기를 해결하는 슈퍼맨도 아니고, 수백만 명의 관객을 동원하거나 당신의 손짓 하나에 열광하는 팬들도 없다.

당신에게 성취감을 안겨주면서 한 계단 한 계단 차분

히 올라설 목표면 된다. 순간순간 마무리되는 목표를 달성하려고 애쓸지도 모르고, 힘겨운 목표가 너무 많아 그걸 달성하기 위해 날마다 쫓기는 몸이 될지도 모르지만 어쨌든 그때그때, 또는 하루하루의 목표를 그 시간 안에 달성하는 습관을 들여야 한다.

만일 당신이 주부라면, 자기 자신이나 남편을 위해 맛있는 요리를 만드는 일도 훌륭한 목표가 될 수 있다. 그것은 지극히 평범한 것이지만 생각만 조금 바꾼다면 생산적인 목표가 될 수 있다. 꼭 남편을 만족시키기 위함이 아니라 자신의 능력을 발휘할 기회로 생각한다면 즐거운 마음이 들기 때문이다.

그림 그리는 일 또한 많은 즐거움을 주는데 구도를 정하기 위해 궁리를 하고, 생각했던 색깔이 나올 때까지 물감을 혼합하고, 색칠을 하면서 미묘한 효과를 내기 위해 물체마다 그림자를 그려 넣는다.

렘브란트의 그림에 비하면 유아적 수준이라고 해도 전혀 문제가 되지 않는다. 문제는 화가가 아니더라도 그림 그리는데 혼신을 다해 정열을 쏟았는가 하는 것이다. 그리고 새로운 그림이 저번 그림보다 표현력이 뛰어나며 생동감 있게 그려졌으며 대담해 졌는가만 보면 된다.

당신이 목표를 향해 매진할 때, 목표 달성에 도움이 되도록 여러 가지 환경을 바꾸어야 한다. 하나의 목표를 지향하는 방향감각을 잃지 않게 다른 것에 신경이 분산되는 것을 주의하며 항상 일할 기분을 유지하도록 해야 한다. 목표는 아주 사소한 것이라도 상관 없으나 목표 달성에 방해되는 조그만 행동도 결코 용납해서는 안 된다.

목표의 크기와 상관없이
계획을 세우고 실천하며 마무리될 때까지
자기 자신을 조절하면서
최선을 다하면 되는 것이다.
그런 자세를 항상 유지하고 있다면,
만일에 어떤 목표를 가지고 있지 않다 하더라
도 목표 쪽에서 스스로 붙잡아 줄 것이다.

행동의
기쁨

SET NEW GOALS EVERY DAY

그녀는 스스로 목표를 정했고 지금까지 그녀를 짓눌러 왔던 현실적인 제약과 안주하려는 마음을 뿌리치고 유쾌한 삶의 길로 접어든 것이다.

이 글을 쓰고 있을 때, 한 통의 편지를 받았는데 내 심리학 이론을 응용하고 있다는 주부의 편지였다. 그 편지를 읽는 동안 나는 너무나 기뻤다.

그녀는 내가 자기에게 새로운 가능성을 열어주었다고 했다. 그 덕택에 그녀는 이전에는 감히 생각하지도 못했던 몇 개의 계획을 시도해 볼 수 있게 되었다는 것이다. 그녀는 내 이론을 접하고, 지금까지 자신이 만든 틀 속에 스스로를 가두며 속이고 있었다는 사실을 깨달았다는 것이다. 그리고 그녀는 즉각 자신을 해방시켰다.

우선 그녀는 평소에 하고 싶었지만 여러 가지 자신이 만든 이유로 못했던 일들을 정리한 다음 목표를 세웠다.

❶ 동화책을 쓸 것.
❷ 영화비평을 쓸 것.
❸ 추리소설을 쓰기 시작할 것.
❹ 법인체를 조직할 것.

❺ 법인체의 주식을 상장시키는데 두 가지 계획을 생각해 볼 것.

이렇게 계획을 세운 다음 목표 달성에 방해되는 것들을 차근차근 정리하면서 필요한 시간을 최대한 짜냈으며 목표 달성에 부지런히 매진한 결과, 1년도 안 돼서 모든 목표를 이루었다는 것이다.
"문제는 직장 일이었습니다. 내 자신의 목표가 있다고 해서 직장 일을 소홀히 해서는 안 되니까요. 그래서 목표를 달성하는 데 필요한 시간을 짜내기가 쉽지 않았죠. 집에 있는 시간은 물론이고, 출퇴근 시간이라든지 점심시간 등의 자투리 시간을 쪼개고 쪼개서 정말 부지런히 노력했습니다.
그렇다고 집안일이건 직장일이건 적당히 했다고 생각하진 마세요. 어느 쪽 일이건 저는 최선을 다 했습니다. 그때그때의 목표를 가지고 그것을 달성하는 데 전력을 기울였어요.

덕분에 저는 사는 것처럼 사는 시간을 가질 수 있었고, 진실한 삶을 살 수 있게 되었죠. 하지만 정말 힘들고 어려웠습니다. 그래서 몇 번이고 포기할까도 생각했었지만, 마침내 해내고 말았습니다. 제가 포기했더라면 결과는 뻔합니다. 아마도 다시는 일어서지 못했을 겁니다. 진심으로 선생님께 감사드립니다."

그녀는 스스로 목표를 정했고 지금까지 짓눌러 왔던 현실적인 제약과 안주하려는 마음을 뿌리치고 유쾌한 삶의 길로 접어든 것이다.

당신은 그녀처럼 목표를 많이 가질 필요는 없다. 또 야심적인 것일 필요도 없다. 다만 나태하고 안일한 삶에서 당신을 해방시키는데 주력하기만 하면 된다. 온갖 장애를 극복하고 마침내 정상인보다 더 뛰어난 능력을 보여 주었던 헬렌 켈러와, 심한 우울증을 가지고 있으면서도 놀라운 박애정신을 발휘한 나이팅게일을 상기해 보는 것도 도움이 될 것이다.

당신에게
즐거운 사람들

SET NEW GOALS EVERY DAY

사람들과의 친화력을 유지하고 그것을 발전시켜 가는 능력이 행복을 만드는 기본 요소인 것이다. 당신은 이 우정을 유지하는 기술을 습득해야 하며, 그것을 살아가는 데 있어서 최대 목표로 삼아도 괜찮다.

당신은 사람들과 만나는 일이 유쾌한가, 괴로운가? 그리고 주변에는 관계를 계속 유지하고픈 사람이 많은가, 아니면 가능하면 정리하고 싶은 사람이 많은가? 인간은 사회적 동물로 타인과 관계를 맺으며 살아간다. 누구든지 인간관계는 중요한 부분을 차지한다.

사람들의 관계는 다양하고 복잡해서 사람을 많이 만나는 것을 좋아하는 사람보다 싫어하는 사람이 많고 대인관계 또한 복잡한 것보다는 단순한 것을 선호하는 사람들이 많은 것이 현실이다.

그러나 모든 사람을 선별적으로 만나거나 복잡한 감정을 단순하게 정리하는 것은 무척 어려워서 사회생활을 하는 한 어쩔 수 없이 많은 사람과 부딪치게 된다.

사람은 누구나 자신을 인정해 주는 곳에서 일하고 싶어 하며 눈치 보는 것 없이 소신껏 일할 수 있는 분위기를 원한다. 자신의 능력을 맘껏 발휘할 수 있고 자신이 회사에 소중한 존재라고 인식되기를 원한다.

인간관계는 서로를 인정하지 않는 이기주의, 위선, 이

유 없는 질시, 자신의 이익만을 챙기는 이기적인 행위, 해묵은 오해, 인종에 대한 편견, 개인 능력에 대한 무시 등 수많은 문제를 안고 있다.

내가 보기에 이런 문제들은 직접적인 것보다도 간접적이고 미묘한 것에 의해 발생하는 경우가 많다. 자신이 가지고 있는 편견이나 선입견 등은 객관적인 시선으로 바라보기, 공정성을 흐리게 한다.

복잡하게 얽힌 대인관계는 많은 사람들에게 자괴감을 안겨주거나 마음의 상처를 입히는 경우가 있는데 이러한 정서적인 상처는 치유가 되기는 하지만, 일반적으로 그 속도가 더딘 편이다.

우리는 실패를 부끄러워 할 필요는 없다. 또한 실패를 하고 마음의 상처를 입었을 때, 상대방에게 등을 돌려서도 안 된다.

"화가 나는데 어떻게 그럴 수가 있죠?"

당신은 이렇게 화를 내며 반문할지 모른다. 그렇게 화가 난다면, 등을 돌리는 대신 그들에게서 조금 떨어져

보아라. 잠시 멀어져서 그들과 당신의 관계를 곰곰이 관찰해 보는 것이 바람직하다. 그리하면 아마도 당신의 잘못도 보일 것이고, 관계 개선을 위해 어떻게 해야 할지도 자연스레 알게 될 것이다.

그렇게 해서 관계가 다시 정상화된다면 당신은 전보다 더 즐거워지고 자신의 잘못이 몹시 부끄러울 것이다. 그런 부끄러움은 아무리 강조해도 상관없다. 또다시 같은 잘못을 저지르지 않기 위해 그럴 필요가 있다.

이와 같이 사람들과의 친화력을 유지하고 그것을 발전시켜 가는 능력이 행복을 만드는 기본 요소이다. 당신은 이 우정을 유지하는 기술을 습득해야 하며, 살아가는 데 있어서 최대 목표로 삼아도 괜찮다.

어쨌든 모든 생활에 있어서 근간이 되는 것은 당신 자신에 대한 태도인 것이다.

자아상의 행복

SET NEW GOALS EVERY DAY

당신의 자아상은, 일을 즐겁게 하거나 여가를 유쾌하게 보낼 수 있도록 힘을 빌려준다. 무엇을 하든지 간에 행동에 자신감을 갖게 해주는 것이다. 그래서 모든 것이 즐거워지면 자기 평가가 높아지고, 최고의 상태에 있을 때 비로소 진정한 당신의 모습을 알 수 있게 되는 것이다.

당신은 자신이 어떤 사람인지 알고 있는가? 또 어떤 것을 할 수 있고 어떤 것은 할 줄 모르는 사람인지 알고 있는가? 그것을 잘 파악하는 것은 굉장히 중요한 일이다. 그리고 그것을 생활에 반영하는 것은 더더욱 중대한 일이다. 자신에 대한 태도에 따라 향상의 기회가 올 수도 있고 절망의 구렁텅이로 빠질 수도 있기 때문이다.

당신의 자아상은, 일을 즐겁게 하거나 여가를 유쾌하게 보낼 수 있도록 힘을 빌려준다. 무엇을 하든지 간에 행동에 자신감을 갖게 해주는 것이다. 그래서 모든 것이 즐거워지면 자기 평가가 높아지고, 최고의 상태에 있을 때 비로소 진정한 당신의 모습을 알 수 있게 되는 것이다.

건설적인 자아상을 갖고 있는 사람은 유쾌한 생활 조성을 위해 일부러 노력할 필요도 없다. 그런 건전한 자아상을 유지만 할 수 있다면, 그에게 생활 자체가 즐거움이기 때문이다. 그는 어떠한 고통이나 고난에도 꺾이지 않으며 극복의 차원을 넘어서 즐기는 차원에까지 다다랐기 때문이다.

끊임없이 전진하고, 자신의 한계를 파악하며 지속적으로 자아상 강화에 힘쓰면서 무슨 일이나 즐겁게 해결해나간다면 어떠한 난관도 뚫고 나갈 수 있는 강력한 힘을 지니게 된다.

그러기 위해서는 다음 두 가지 교훈을 신조로 삼자.

❶ 매일 목표를 갖자.
❷ 현실로부터 절대로 도피하지 말자.

언젠가 서해안 쪽으로 강연을 간 적이 있다. 샌프란시스코행 비행기를 탔을 때였는데 나는 86세의 노부인과 나란히 앉게 되어 그녀와 여러 가지 이야기를 나누었다.

그녀는 영국 태생인데, 얘기 중에 그녀가 캘리포니아의 패서디나 부근에 영국계 노인들을 위해 '노인의 집'을 마련했다는 사실을 알게 되었다. 그녀는 86세라는 고령에도 불구하고 명예회장으로 매일 '노인의 집'을 방문하여 봉사한다고 했다.

"나는 하루하루가 너무 바빠."

"연세가 많으신데 힘든 적은 없으십니까?"

"나이 같은 것은 아예 생각도 하지 않아요. 나 스스로 즐기고 있는 거지. 그저 마음을 쓴다면, 하루하루를 굉장히 좋은 날로 만들려고 하는 것이라오. 나는 얘기하는 것도 좋아하고 남의 얘기를 듣는 것도 좋아하는데, 거길 가면 그럴 수 있거든."

"그래서 그렇게 젊어 보이시는군요."

"재미있게 살아서 그럴 거야. 나는 하루하루가 여간 재미난 게 아니거든."

그렇게 말하는 그녀의 눈빛은 매우 반짝거렸다.

그 뒤, 나는 샌프란시스코에서 며칠을 보낸 다음 샌디에이고로 돌아가기 위해 비행기를 탔다. 도중에 비행기가 센터바버라에 착륙했는데, 거기에서 10대 초반의 애들 50명 정도가 비행기에 올라탔다. 그 10대들을 인솔하는 어른들이 몇 명 있어서 알아보니, 그들은 가출을 했거나 경미한 범죄를 범한 9세에서 15세까지의 청소년들로서 현재 보호 감독 하에 있다고 했다.
그 중 한 소년이 내 옆 좌석에 앉았다. 12세 정도로 보이는 그 애의 눈은 지나온 과거를 말해 주듯 총기가 없어 보였다. 눈동자는 불안에 떨며 쉴 새 없이 구르고 있었고, 두 눈은 어두운 그림자에 쌓여 있는 듯했다.
소년은 비행 도중 내내 몸을 돌려 말없이 창밖만 바라보고 있었다. 그러다 샌디에이고 상공에 도착해서 착륙 준비를 시작했을 때 혼잣말처럼 이렇게 내뱉었다.
"와, 사람들 되게 많다! 꼭 벌레 같다."
그게 하늘에서 지상의 사람들을 관찰한 그 애의 감상이었다. 나는 그 소년의 말에 이상스럽게 가슴이 떨렸다. 다른 누군가가 그런 말을 했더라면 아마도 그러지 않았을 것이다. 그런데 침울한 눈을 보이고 있던 소년의 입에서 그런 말이 나오다니……. 사람들을 '벌레'에 비유한 그 소년이 측은해졌다. 그 애에게 다른 사람들은 아무 가치도 없는 존재였던 것이다.

아무튼 소년의 자아상은 너무나 나약한 것으로 산다는 것 자체가 그 애에게는 쓸데없는 짓인지도 모른다. 나는 그 감독 교사들이 소년을 잘 이끌어줄 것이라고 믿고 싶었다. 소년이 자기 마음속에 내재되어 있는 적극적이고 긍정적인 성향을 발견할 수 있게 되기를 마음속 깊이 빌었다.

나는 86세 고령의 노부인과 12세 소년을 비교하지 않을 수 없었다. 나이 많은 노부인의 적극성과 어린 소년의 무기력함이 너무나도 대조적이었기 때문이다.

사람들의 활력을 떨어뜨리는 것은 나이가 아니라, 정서적인 장애라는 사실을 깨달았다.

PART 07
실패를
극복하라

Overcome your failure

당신의 마음속은
전쟁터

OVERCOME YOUR FAILURE

세상 사람들의 마음은 대부분 불행에 대한 두려움으로 가득 차 있다. 따라서 이 불행의 수풀을 헤치고, 그 두려운 생각을 부수고 행복한 자아상을 확립하기 위해 때때로 싸움이 요구된다. 이것은 꼭 필요한 싸움이다.

당신은 자신에 대해서 부정적인 생각을 가지고 있는가? 그렇다면 긍정적인 생각으로 바꾸기 위해 그것과 과감히 싸워라. 만일 그 싸움에서 이긴다면, 긍정적인 사고는 자신을 더 멋진 인생으로 안내할 것이다.

당신의 생각은 긍정과 부정으로 갈등을 겪고 있을 것이고 만일 여기서 긍정의 생각이 승리 한다면 평화를 얻고 멋진 미래를 향해 매진할 수 있게 된다. 군대로 비유하면 당신의 마음은 보병이고, 이론은 공군, 실천력은 해군이다.

적의 모습을 찾아서 수풀 속을 포복하여 다니고, 적의 위치를 파악하기 위해 적진 후방에서 어둠 속의 정찰을 감행하는 보병은 당신의 마음만큼이나 굉장히 중요하다.

최신형 제트기나 화력이 막강한 전투기를 보유한 당신은 행동과 철학을 응용하고, 목표를 설정하거나 성공 원리를 활용하는 구실을 한다. 그러한 공군력을 강화하는 것은 당신의 자아상과 자신의 가치에 대한 개념을 강화하는 것이다.
그렇지만 당신의 해군은 강력한 적이 해안에 버티고 있으면 병력을 상륙시킬 수 없게 된다. 실패 구조가 견고하게 버티고 있으면 승리를 얻을 수 없는 것이다. 따라서 당신은 이 싸움을 하기 전에 자기 실패 구조를 마음속에서 몰아내지 않으면 안 된다.
 당신의 마음속을 전쟁터라고 하니까 우스운가? 천만에! 당신은 웃으면 안 된다. 이건 결코 웃을 일이 아니다.
세상 사람들의 마음은 대부분 불행에 대한 두려움으로 가득 차 있다. 따라서 이 불행의 수풀을 헤치고, 그 두려운 생각을 부수고 행복한 자아상을 확립하기 위해 때때로 싸움이 요구된다. 이것은 꼭 필요한 싸움이다.
얼 오브 리튼이 설파한 '펜은 검보다 강하다'는 격언

은 지금에 와서는 거의 상식으로 되어 있다. 그리하여 과거 일백 년간 인간의 지식이 급증된 덕택에 오늘날 우리는 이렇게 말할 수 있게 되었다.
'인간의 정신이나 자아상은 대포보다도 강하다.'
그렇기 때문에 우리는 부정적인 감정이나 실패 구조에 대해 선전 포고를 하는 것이다.

싸움의 목적은 '부정적인 것'의 파괴가 아니라, 오히려 그 후의 평화와 행복에 있다. 그런 분위기 속에서 목표를 설정하고, 그 목표를 향해 충실한 생활을 시작해야 하기 때문이다.

자신을 평가절하
하지 말라

OVERCOME YOUR FAILURE

당신이 저항하지 않는다면, 당신과 주변에서 움직이고 있는 에너지 사이에는 단절이 없다. 그래서 진행하는 것들과 협력하는 것을 배울 것이며, 서서히 전체와 보조를 맞추면서 지나가는 엄청난 에너지를 느끼기 시작하는데, 저항에도 많은 에너지를 잃어버리기 때문이다. 저항하지 않는데서 당신은 에너지를 흡수한다.

우리는 지금까지 목표의 의미에 대해서 논의해 왔다. 그러나 어쨌든 당신의 성공 구조를 마비시키는 잘못된 관념에서 깨어나는 것보다 중요한 목표는 없다. 왜냐하면 당신의 고정 관념이 당신을 실패의 늪에 빠뜨리는 요인이라 한다면 어떤 목표건 전혀 의미가 없기 때문이다.

만일 그렇다면 당신은 무엇을 달성할 수 있겠는가? 당신이 할 수 있는 것은 실의에 빠져 모든 목표를 포기하는 길뿐이다. 다른 사람들이 넓은 세상에 뛰어나가 생활할 때, 당신은 삶의 빛을 잃고 어두운 방안에 틀어박히게 되는 것이다.

창조적 생활을 하려면 당신은 부정적 관념의 최면 상태에서 풀려나지 않으면 안 된다. '최면을 푼다'는 말은 과장된 것이 아니다. 왜냐하면 사람들은 대개 어지간한 일에는 끄떡도 않는 고정관념에 마음을 빼앗기고 있기 때문이다.

그들의 그러한 신앙은 불행한 경험과 어리석은 지식

에 힘입어 열등감은 점점 공고하게 형성되며 그 결과는 아주 비참한 것이다.

당신은 '지금까지 가치 있는 일은 아무 것도 하지 않았고, 앞으로도 할 것 같지도 않은 쓸모없는 인간이므로 내 인생은 틀렸다'고 믿고 있는가?

실패와 마주할 때, 그것으로 인해 모든 것이 헛되다고 생각하는가? 사랑하는 사람이 떠났을 때 살아가는 것이 무의미하다고 생각하는가?

세계 각지에서 일어나고 있는 자연 재해와 핵전쟁의 공포에 하루하루를 허비하며 무의미하게 살아가고 있는가?

만일 그렇다면 당신의 고정관념은 잘못된 것이다. 당신은 자신이 비극 속 주인공인양 부정적인 생각으로 자기 자신에게 최면을 걸고 있다는 것을 알아야한다. 옳지 않은 관념으로 자신을 괴롭히고 있는 것이다. 최악의 적을 절친한 친구로 생각하는 오류를 범하고 있는 것이다.

정치적 경향이라든가 건강 상태, 주식의 움직임, 또는 다른 사람들을 평가하는 일 등에는 완전히 객관적인 태도를 유지할 줄 아는 사람들도 자기 자신의 불합리한 관념에 대해서는 거의 의심도 하지 않고 추종한다. 그뿐만 아니라 타인에게는 동정을 보내면서도 자기 자신에 대해서만은 무자비한 태도를 취한다.

얼굴에 심한 화상을 입은 한 여자 환자가 수술 후 아주 깨끗한 얼굴을 갖게 되었고, 그로 인해 명랑해지고 대인 관계도 부드러워졌다. 그런데 그녀의 마음 한구석에는 대인 관계에서 실패할 것이라는 잠재의식이 여전히 잔존하고 있었다.

표면적인 관념은 변화했으나 항상 실패만 거듭했던 과거가 버릇이 되어 잠재 의식화되었다는 것이다. 문제는 그게 잘못됐다고 심각하게 받아들이지 않는 사람들이 대부분이라는 것이다.

당신이 저항하지 않는다면, 당신과 주변에서 움직이고 있는 에너지 사이에는 단절이 없다. 그래서 진행하는 것들과 협력하는 것을 배울 것이며, 서서히 당신은 전체와 보조를 맞추면서 지나가는 엄청난 에너지를 느끼기 시작하는데, 저항에도 많은 에너지를 잃어버리기 때문이다. 저항하지 않는데서 당신은 에너지를 흡수한다. 즉 받아 들여라, 그리고 저항하지 마라, 그리고 싸우지 마라, 승리하려고 애쓰지 말 것이며, 첫째가 되려고 애쓰지 말라는 것이다.

승리를 갈망하지 않는 사람을 어떻게 패배시킬 수 있을 것이며, 야망이 없는 사람을 당신이 어떻게 굴복 시킬 수 있으며, 이미 죽을 준비가 되어 있는 사람을 어떻게 죽일 수 있겠는가? 그것은 불가능하다. 이러한 항복을 통해서 당신은 승리하게 된다.

남의 사고방식을 보면 우습고 어리석어 보이는데 왜 정작 당신 자신이 어리석다는 생각은 하지 못하는가?

당신은 자신이

비극 속 주인공인양

부정적인 생각으로

자기 자신에게 최면을 걸고

있다는 것을 알아야한다.

실패 구조를
쳐부쉬라

OVERCOME YOUR FAILURE

공허감은 약한 자아상의 상징이다. 성공했다 하더라도 마음에 공허감을 품은 사람은, 가질 권리가 없는 것을 훔쳐낸 범죄자 같은 기분이 된다. 그래서 죄의식을 느끼고, 창조적 기능을 거절하므로 성공의 길을 실패로 이끈다. 그의 공허감은 언제나 그의 마음속에 숨어있는 실패 구조의 종합 작용을 상징하고 있다.

'자기발전 부정증후군'이란 게 있다.

자신도 모르게 무의식중에 발동하여 자신의 진취성을 꺾어버리는 여러 가지 요인을 일컫는 말이다. 그것들은 실패의 요인이므로 우리는 그 증후군에 대해서 철저하게 다뤄야 할 필요가 있다.

인간에게 있어서 진취성이 성공을 가속시킬 수 있는 것처럼 부정적인 요소는 사람을 패배의 나락으로 밀어 넣는 막강한 힘을 가졌다. 부정적인 사고는 급경사진 언덕 밑으로 굴러 떨어지는 바위처럼 가속도를 더해주는 것이다.

욕구불만, 공격성, 불안, 우유부단, 원한, 실패······.

이런 것들이 실패 구조의 여러 가지 요인이다.

소름끼칠 정도로 무서운 이것들이 인간에게 어떤 영향을 미치는지 하나씩 생각해 보자.

욕구불만

사람들은 소중한 목표를 달성하지 못했거나, 어떤 기본적인 욕구를 충족시키지 못했을 때 욕구불만을 느낀다. 인간은 불완전한 존재이고, 인간 세계는 복잡한 곳이어서 누구나가 때때로 욕구불만에 빠지기 마련이다.

문제가 되는 것은 만성적인 욕구불만인데 그것은 사람을 어느 일에서나 실패하도록 만드는 지름길이기 때문이다.

당신이 요즘 자주 짜증이 나고 불만에 가득 차 있다면 한 번 곰곰이 생각해 보라. 당신이 혹시 만성적인 욕구불만에 빠진 것은 아닐까?

그렇다면 자기 자신에게 그 이유를 물어보자. 목표가 너무 높은 곳에 있지는 않은가? 너무 심한 자기비판으로 목표 달성을 하기도 전에 힘이 빠져 있는 것은 아닌가?

욕구불만을 표출한다고 불만이 해소되진 않는다. 어린 아이라면 몰라도 불평불만을 끝까지 참고 받아줄 사람은 없을 것이고 마음에 품고 있다고 해도 문제는 점점 어렵게 되는 것이다. 그럴 때면 과거에 어떤 목표를 달성했던 자신의 사례에서 해결점을 찾아라. 그래야 삶을 발전시켜 나갈 수 있다.

공격성

욕구불만은 사람을 공격적으로 만든다. 물론 방향만 바르다면 공격성은 결코 나쁜 것만은 아니다. 목표를 달성하기 위해서는 공격성이 필요한 것이다.
그러나 방향이 잘못된 공격은 욕구불만을 유발하며 패배의 악순환을 만든다. 그것은 명백한 실패의 징후다. 적당하지 못한 목표를 설정할 확률이 높기 때문이다.
어떤 사람이 공격적일 때, 방향을 잘못 잡으면 아무 것에나 덤벼드는 광견이나 어둠 속에서 갑자기 튀어나오는 폭주족처럼 과격한 행동을 하게 된다. 이렇듯 욕구불만과 공격 성향에 빠진 사람들은 아무 죄 없는 사람들을 표적으로 삼게 되는데 이유 없이 주먹을 휘두르고, 애들을 야단치며, 친구를 모함하고, 직장 동료들과 적이 된다. 사람들과의 관계가 악화되면서 욕구불만은 더해가고, 그에 따라 더욱더 분별없는 행동을 하게 되는 것이다.

이 같은 악순환의 종말은 어떻게 되는가? 비극뿐인 것이다.

그렇다면 어떻게 해야 하는가? 그런 성질을 긍정적이고 바람직한 방향으로 사용하면 되는 것이다. 욕구불만을 해소할 수 있는 일, 만족감을 가져올 수 있는 일에 공격성을 발휘하여 성공에 도달하자는 것이다.

불안

불안하다는 감정은 정서가 조화를 이루지 못해서 생기는 것으로 목표를 달성하지 못할 것 같을 때, 불안을 느끼게 되는 것이다. 그러나 그런 현상은 당신의 자질이 모자라기 때문에 생기는 것이 아니고, 목표의 수준을 너무 높이 잡았기 때문에 발생하는 것이다.

어떤 일을 하기 전, 또는 진행 중에도 불안을 느끼는 사람들 가운데 대단히 유능한 사람이 많은데, 그들은 실현 불가능한 것에 기대를 품고 생활하며, 언제나 자기 자신을 비판하는 경향이 있다.

그들의 실패는 자신이 정말로 능력이 모자란다고 의심하니까 불안해지는 것이고, 그래서 실패를 자초하게 되는 것이다.

우유부단

어떤 결정을 내려야 하는 순간인데 끝없이 망설이는 경우다. 확신이 없는 일에는 무조건 신중하게 결정해야 안전하다고 믿고 다시는 올 수 없는 찬스를 잡았는데도 망설이거나 깊은 생각에 빠진 나머지 단 한 번의 기회를 눈앞에서 물거품으로 만든다.

이런 형의 사람들은 자기를 신중하다고 믿고 있는 것이 틀림없다. 그래서 잘못을 찾아낼 수도 없고 어떤 중요한 결정이 필요한 때, 그는 결단력 있게 일을 처리하지 못 한다.

만일 선택을 잘못하면 그 자신의 이상향을 망치는 것으로 알고 무서워한다. 그래서 사소한 결정에도 오랫동안을 망설이며, 귀중한 시간을 걱정으로 보낸다. 그리고 겨우 마음을 정했을 때, 그 결정은 너무 늦었거나 위축 되어 실패를 불러오기 쉽다.

확신이 없는 사람들은 어떤 일에나 몸 전체로 뛰어드

는 것을 겁내고, 발만 내밀다 말기 때문에 충실한 생활을 누릴 수 없는 것이다.

원한

실패형의 인간이 자기가 살아가는 방법에 대해 변명하려고 할 때 밖으로는 '원한'으로 나타난다.
그는 실패의 고통을 참지 못하고 자책의 원인을 타인에게서 찾아 세상이 자기를 속이고 있다고 원망하며 모두에게 원한을 품지만 실은 자기 자신을 속이고 있다는 사실을 모르고 있다.
그러나 그의 원한은 바로 실패를 불러오는 것이 아니고, 오히려 욕구불만이나 방향이 잘못된 공격과 함께 악순환을 만든다. 언제나 불평을 터뜨리고 원한을 품은 사람들은 다른 사람들에게 반감을 사고 증오의 연쇄반응을 일으키게 되는 것이다.
다른 사람은 그의 부정직함을 싫어하고 적의를 가진

다. 자기 연민을 경멸하지만 만성적인 원한은 자기 연민에 빠져 낙오자가 된다. 왜냐하면 만성적인 원한은 자기가 어떤 잘못된 행위나 나쁜 존재에 의해 희생당한 사람으로 생각해 버리기 때문이다.

'다른 사람들 때문에 내 열망을 펼 수 없었다.'

그는 이렇게 생각하면서 더욱더 자기 자신을 가엾게 여기고 더욱더 열등감을 가지면서 자기 자신을 미워하고, 다른 사람들의 모든 일과 세상을 원망하게 된다. 그는 자신의 그러한 한스러운 감정이 실패의 요소를 더욱 굳히고 있다는 것을 모르고 있다.

자신의 모든 행위와 목표 설정에 책임을 지고, 올바른 방향으로 목표를 잡아 공격성을 발휘할 때만이 실패의 악순환을 타파할 수가 있다.

자신을 존중하고, 과장되지 않은 자아가 형성될 때만이 실패 구조의 기본적 요소인 원한의 악습관을 타파할 수 있는 것이다.

공허감

당신은 이런 사람을 알고 있는가?

확실히 성공했다고 보이는데, 욕구불만과 원한이 있고, 확신이 없으면서, 불안하고 고독한데다가 거침없이 공격적인 사람들. 그런 사람은 진정한 성공의 바탕을 갖추지 않은 상태에서 성공했으며, 그런 '성공'은 진실된 성공이 아닌 것이다.

겉보기에 그들은 성공하고 있는 것처럼 보이지만 그들의 마음속은 공허감으로 가득 차 있을 것이다. 그것은 실패 구조가 남아 있는 그들이 진실하지 못한 성공으로 인해 창조적 생활 내용이 결핍되어 있기 때문이다.

그들은 돈을 벌어도 그것으로 무엇을 해야 할지 모르며 방방곡곡 여행을 다녀도 공허감에서 벗어날 수가 없다. 아름다운 휴양지, 이름난 명소에서도 허무함을 느낀다. 아마도 화성에 간다고 해도 아무런 감흥이 없을 것이다.

그들은 창조적인 목적 달성을 포기한 것이다. 아침에 일어나 태양을 보며, 그날 하루를 어떻게 즐겁게 지낼 수 있을 것인가 궁리해 보지도 않는다. 그 대신 남아도는 시간을 어떻게 죽일 것인가를 고민한다.

공허감은 약한 자아상의 상징이다. 성공했다 하더라도 마음에 공허감을 품은 사람은, 가질 권리가 없는 것을 훔쳐낸 범죄자 같은 기분이 된다. 그래서 죄의식을 느끼고, 창조적 기능을 거절하며 성공의 길을 실패로 이끈다. 공허감은 언제나 그의 마음속에 숨어있는 실패 구조의 종합 작용을 상징하고 있다.

그렇다면 어떻게 해서 강력한 '적'을 극복할 수 있겠는가를 알아보자.

자기 자신을 존중하고,
과장되지 않은 자아가
형성될 때라야 실패
구조의 기본적 요소인
원한의 악순환을
타파할 수 있는 것이다.

실패를
극복하자

OVERCOME YOUR FAILURE

실패를 잊고 실수를 탄식하지 않으며 잘못을 범하기 쉬운 자신의 인간성을 깨우치는 것이 문제의 중요한 열쇠가 되는 개념이다. 당신은 죄의식에서 벗어나 용감하게 세상과 마주해야 하며 끊임없이 용기를 북돋아 주어 강해진 자기 자신을 바라보며 목적을 설정하고, 당신의 성공 본능을 인생의 게임에서 활용할 수 있게 되어야 한다.

당신의 내면에 잠재 된 '실패 구조'라는 강력한 적과의 싸움에서 승리를 거두기 위해서 당신은 맨 먼저 상대방의 가면을 벗겨버리지 않으면 안 된다. 그럴듯한 이유나 언뜻 보아 논리적인 사고가 실패 구조의 기능을 점차 침식하고 있을지도 모르며, 만약 그렇다면 당신은 이 싸움에서 패배할 것이다.

당신은 자신의 잘못된 관념을 없애기 위해 부단히 노력하지 않으면 안 된다. 욕구불만에 기인한 공격이나 원한의 방향을 바로잡아 고독감이나 공허감을 견뎌내는 방법을 발견하지 않으면 안 된다.

동시에 나는 다시 한 번 다음과 같은 점을 분명히 해두고 싶다.

실패하는 것은 실패 구조의 작용 때문만은 아니다.

어떤 행동이나 계획에서 실패를 범하는 것은 당신이 인간이지 신이 아니라는 증거에 불과하다.

나는 단언하건대 당신이 한 번도 실패한 일이 없다고

한다면 당신은 어떠한 행동이나 계획에 도전한 일이 없었을 것이다. 로마의 철학자 세네카의 말에 다음과 같은 것이 있다.

만일 당신이 사나이라면 큰일을 하려는 자들을 칭찬해야 할 것이다. 설사 그들이 실패했다고 해도……. 토마스 에디슨은 실패자일까? 물론 아니다. 그런 생각을 하는 것만으로도 바보스러운 일이다. 그러나 그는 수없이 많은 실패를 거듭한 사람으로 많은 실패가 그를 훌륭한 창조자로 만든 것이다. 에디슨은 실패에서 배우고 실패의 터전 위에 성공을 세운 것이다.

 발명은 실패하는 데서 이루어지며 실패의 체험이 없는 곳에는 창조도 없는 것으로 우리가 그의 인생에서 배운 큰 교훈의 하나이다.

사물의 판단이나 응용에 있어서 실패나 실책은 당신이 인생에 대한 애착을 버리지 않는 한 피할 수 없는 일이다.

성공의 비결은 실패를 훌륭한 경험으로 살려 어떻게

이용하는가에 있다. 실패를 잊고 실수를 탄식하지 않으며 잘못을 범하기 쉬운 자신의 인간성을 깨우치는 것이 문제의 중요한 열쇠가 되는 개념이다. 거기서 당신은 죄의식에서 벗어나 용감하게 세상과 마주해야 하며 끊임없이 용기를 북돋아 주어 강해진 자기 자신을 바라보며 목적을 설정하고, 당신의 성공 본능을 인생의 게임에서 활용할 수 있게 되어야 한다. 이 원칙은 특히 당신이 새로운 것에 도전할 때 응용된다.

무엇을 시도해 볼 때 당신은 반드시 잘못을 범한다. 그 잘못에만 매달리지 말고 솔직히 인정하며, 그런 잘못을 최소한으로 막고, 친구에게 대하듯이 자기 자신에 대해서도 관대해지는 것을 배워야 한다. 그렇지 않으면 당신은 자신의 시도를 억압하여 용기를 잃고 낙오하게 된다.

누구나 실패하고
패배 한다

OVERCOME YOUR FAILURE

과거를 보되 실패를 보지 말고, 성공했던 사실에 정신을 집중하자. 나는 인생에 있어서 훌륭한 것을 가질 자격이 있는 인간이다. 나는 내 배의 선장이기 때문에 내 마음의 방향키를 생산적인 목표를 향해 잡아야 한다.

만일 당신이 자신을 '바보'라고 생각한다면 이 책임을 누가 져야 하는가? 당신은 아마도 자신이 현명치 못하다고 여길 때가 많을 텐데, 지금까지 한 번도 현명했던 일이 없었는가? 재빨랐던 일도 전혀 없었던가? 이지적이었던 적도 없었던가?

자아비판은 자신의 손발을 스스로 꺾는 것과 마찬가지로 자신에게 성공할 권리가 없는 것으로 여겨, 자질이 모자란다거나 자신감이 없다고 믿는 것이 당신을 실패하게 만드는 것이다.

이런 부정적 관념이 자신에게 많은 상처와 기회를 박탈하고 있는지 모른다. 자신을 위해 부정적 관념을 몰아내고 잘 될 것이라는 신념을 가져야 한다. 강한 사람에게도 약점이 있고, 약한 사람에게도 강한 것이 있듯이 학식이 높은 사람도 세상의 모든 지식, 폭넓은 분야를 모두 섭렵할 수는 없다.

가정적인 여성에게 호감을 느끼는 사람이 많고 육체적인 결손이 있는 사람은 동정심이 많다. 정서적으로 불안정한 가운데에서도 훌륭한 재능을 발휘하는 인물도 있다. 대부분의 말더듬이들도 어렸을 때는 더듬지 않았다고 한다. 범죄자들 또한 누군가가 구원의 손을 뻗치면 책임 있는 사회 구성원이 될 수 있다.

인간은 회색이지, 검은 것도 흰 것도 아니다. 그러나 부정적 관념을 가지게 되면 당신은 자신에게 둘 중 하나만을 선택하라고 강요하게 되고 자신을 불행하게 만들고 경멸하게 되어 세상과의 소통을 어렵게 만드는 것이다.

지금 의식의 어두운 심연에서 벗어나 부정적 관념을 몰아내는 과정에 들어가야 하는데, 이것들을 아주 없애버릴 수는 없는 것일까? 부정적 관념을 버릴 수가 없다면 적어도 당신이 인지하여 바른 생각을 갖도록 노력해야 한다.

다음 단계로 나아가자. 당신이 정말로 소원하는 성공을 마음속에 한 번 그려보자. 그 소원을 가슴속에 가득 채우고 바라보며 향기를 맡고, 간절함을 가지고 노력하며 그것을 인식하고 꽉 붙들어 가슴에 간직하자. 비판적인 생각이 엄습해 온다면 마음을 다잡아 더욱 굳건한 자아상과 함께 천연색으로 물들인 당신의 이상향을 바라보자.

창조적으로 생활하기 위해 당신은 마음속 싸움에서 이기지 않으면 안 되고, 포기해서는 더욱 안 된다. 자신과의 싸움에서 승리하다 보면 어느새 성공은 당신 옆에 자리하고 있을 것이다.

당신에게 이렇게 들려주어라.

"과거를 보되 실패를 보지 말고, 성공했던 사실에 정신을 집중하자. 나는 인생에 있어서 훌륭한 것을 가질 자격이 있는 인간이다. 나는 내 배의 선장이기 때문에 내 마음의 방향키를 생산적인 목표를 향해 잡아야 한다."

성공 지향의 습관이 당신의 일부가 되도록 당신에게 최면을 걸어라. 그래서 마침내 습관처럼 하나의 자기최면이 될 때까지 매일 자신의 성공 본능을 되새기자.

부정적 관념을 추방하기 위해서, 또 고독의 뿌리까지 없애버리기 위해 있는 힘을 다하자. 그것은 쉬운 일은 아니지만 나는 할 수 있다는 믿음을 가지쟈.

만일 당신의 마음에 부정적 관념의 뿌리가 너무 깊으면 전쟁은 불리하게 될 것이나 당신은 승리를 얻기 위해 필사적이지 않으면 안 된다. 변화는 쉽지 않아서 부단한 노력 없이 틀은 깨지지 않는다. 그럼에도 불구하고 승리할 가치가 있는 싸움이기 때문에 그러한 노력은 생활을 창조적이고 활기차게 만들 것이다.

당신의 강화된 자아상은 당신을 바른 길로 향하게 하고, 나아가서는 당신을 고무시켜줄 것이다.

당신 자신을 믿자. 그것은 최고의 무기이다.

나는 인생에 있어서
훌륭한 것을 가질 자격이
있는 인간이다.
나는 내 배의 선장이기 때문에
내 마음의 방향키를
생산적인 목표를 향해
잡아야 한다.

PART 08

믿음대로 살아라!

Live your faith

바람직한 삶의 태도

LIVE YOUR FAITH

어떤 일을 하게 되었을 때 또는 해야만 할 때, 그 일을 즐겁게 해치우는 것이 인생을 즐겁게 사는 방법이다. 힘들고 하기 싫은 일일수록 즐겁게 하면 결과도 좋다. 그런가 하면 우리는 어려운 일을 해냈을 때 보람과 성취감을 맛보게 될 것이다.

우리는 매우 불안정한 상태에서 삶을 시작하게 된다. 영아기에는 혼자서 기분 좋게 옹알이를 하다가 갑자기 앙앙 울어대고, 악을 쓰며 울다가 갑자기 울음을 멈추고 방실방실 웃기도 한다. 그리고는 역시 불안정한 시기인 아동기에 돌입하게 되는데 어린이들은 복잡한 사회적·정서적·경제적인 상황에 아직 대처할 수 없기 때문에 부모에게 의존할 수밖에 없다.

사춘기는 더더욱 불안정한 시기다. 나는 어린이일까, 어른일까? 섹스란 좋은 것일까, 나쁜 것일까? 내 몸에 변화를 누구에게 물어볼까? 주체할 수 없는 감정의 기복이 당황스러울 때이다. 이런 끝없는 의문 속에서 불안정한 삶을 보내게 되는 시기가 사춘기다.

성인기에 들어서면 새로운 수많은 문제에 부딪힘으로써 더욱 복잡한 양상을 띠게 된다. 취업, 결혼, 가정, 직장 등 언제 어디서 발생할지 모르는 갖가지 문제들에 직면하게 되며 갈등은 피할 수 없다.

은퇴 후의 생활에도 역시 문제가 발생 한다. 모든 일에 있어서 활력을 잃고, 죽음의 공포에 떨기도 한다. 우리는 언제나 우리의 삶이 비극으로 전개되지 않을까 두려워하며 산다. 실직으로 생활에 곤란을 받게 되지는 않을까 걱정하고, 사랑하는 사람이 사고를 당해 불구가 되거나 떠나보내야 하는 상황이 오지 않을까 또는 가족 중의 누군가가 불치병에 걸리진 않을까 걱정하며 산다.

그렇다면 미래에 대한 이러한 걱정은 어떻게 하면 좋을까? 대답은 간단하다. 살아 있는 동안만큼은 긍정적인 사고방식을 가지고 생활하고, 더 나은 생활을 추구하면서 부단히 노력하면 된다. 다시 말해 건강한 자아상을 확립해 나가는 것으로 우리가 안정감을 갖는데 크나큰 도움을 주기 때문이다.

인간은 어느 누구나 언젠가는 죽는다. 그것은 자연이 정한 법칙이며, 그것에 대해서는 달리 손을 쓸 수가 없다. 죽는 것이 두렵고 불변의 법칙이므로 우울하게 살 것인가, 아니면 웃으면서 즐겁게 살 것인가? 아마도

누구나 이 물음에 후자의 대답을 선택할 것이다. 즐겁게 산다고 해서, 매일같이 술을 마시고, 파티를 즐기고, 놀러만 다닌다면 어떨까? 과연 우리는 그렇게 살다 죽을 때 만족한 인생, 즐거운 인생을 살았다고 자신 있게 말할 수 있을까?

어떤 일을 하게 되었을 때 또는 해야만 할 때, 그 일을 즐겁게 해치우는 것이 인생을 즐겁게 사는 방법이다. 힘들고 하기 싫은 일일수록 즐겁게 하면 결과도 좋다. 우리는 어려운 일을 해냈을 때 보람과 성취감은 배가 되며, 부차적으로 경제적인 윤택함도 같이 얻을 수 있게 되는 것이다. 물론 그렇다고 해서 항상 일해야 하며 어려운 일에만 매달려야 하는 것은 아니다. 푸르른 나무들도 바라보고, 아름다운 꽃의 향기도 맡고, 맛있는 음식을 즐기기도 하면서 일을 사랑하라는 것이다. 그때 당신은 서서히 축적하게 되고, 그 축적은 어느 날 순전히 기쁨으로 폭발할 것이다. 그런 때 당신의 삶은 더욱 윤택해 질 것이다.

최고의
친구는 '나'

LIVE YOUR FAITH

당신의 최고 친구인 자신을 잘 가꾸지 않으면 안 된다. 다시 말하면, 자신의 상(像)을 긍정적인 방향으로 확립하고 있어야 한다는 것이다. 자아상이 확고해야 우리가 살아가는 데 필요한 안정감과 자신감을 얻을 수 있다.

'개는 인간의 오랜 친구이다'라고 흔히 말한다. 많은 사람들이 개를 좋아하지만 개라는 동물은 많은 훈련을 통하지 않으면 절대로 좋은 친구가 될 수 없다. 그렇다면 당신에게 가장 좋은 친구는 누구일까?

믿음직한 친구가 있다. 당신에게 언제나 힘이 되어 주고 어떤 때는 이 세상 누구보다 믿고 아끼며 위기에 빠진 당신을 언제 어느 때나 구출해 줄 것이라 믿는다. 하지만 그가 당신의 인생을 온전히 지켜주거나 대신 살아줄 수는 없다.

어떤 어려움에 부딪쳤을 때, 그들은 당신에게 중요한 조언을 해주거나 적극적으로 뛰어들어 해결에 큰 도움을 줄 수 있을지 모르지만 어디까지나 그 이야기의 주인공은 당신이며 책임을 져야 하는 것도 당신인 것이다.

그들은 기쁨이나 슬픔을 나누어 가질 수는 있지만 종국에는 모든 책임과 결정은 나 자신에게 달려 있다. 중요한 일의 갈림길에서 천금 같은 조언을 해줄 수는 있어도 그 실패에 대한 책임까지 함께 하는 것은 아니다. 모든 실패와 성공, 기쁨과 슬픔에 끝까지 남아있는 것은 바로 자신뿐이며 최고 친구이자 벗은 바로 자신이므로 스스로를 잘 가꾸어 나간다면 천군만마를 얻은 것과 같다.

다시 말하면, 자신의 상(像)을 긍정적인 방향으로 확립하고 있어야 한다는 것인데 자아상이 확고해야 우리가 살아가는 데 필요한 안정감과 자신감을 얻을 수 있다. 만일 스스로를 호감이 가는 바람직한 인간이라고 생각하거나 자신의 모습에 만족하고 있다면 당신은 안정감을 갖고 삶을 영위할 수 있는 것이다.

인간의 힘으로
어떻게 해볼 수 없는 문제라든가,
당신의 희망과는 정반대의
상황이 벌어지더라도
당신을 지탱해 낼 수 있는 힘이 된다.

거울 뒤의
진정한 내 모습

LIVE YOUR FAITH

거울 주시의 목적은 자기 발견, 혹은 자기 재발견이다. 짓누르는 불안과 긴장에서 당신을 해방시키고 유아적인 공포를 떨쳐버린 다음, 자신의 얼굴을 잠시 응시하는 것이다. 당신의 얼굴이 비록 아름답거나 삶의 경험이 쌓인 성공한 사람의 얼굴이 아닐지라도, 그렇게 함으로써 성공으로 가는 길 위에 첫발을 내딛게 되는 것이다.

당신은 매일같이 수염을 깎거나, 립스틱을 바르고, 세수를 하면서 얼굴을 거울에 비추어 볼 기회가 하루에도 몇 번씩 있을 것이다. 이때 거울은 어떤 것이든 상관이 없다. 자신의 모습을 볼 수 있기만 하면 된다.

우선 얼굴을 차분히 보아라. 바쁜 일이 당신 뒤에 산더미 같이 쌓여 있다 하더라도 거울 앞에 잠시 서서 찬찬히 바라보는 것이다. 오랜 시간을 우두커니 바라보는 것이 아니라 머리를 빗는다든지 손을 씻은 다음, 길게도 말고 딱 2~3분 동안이면 된다.

거울 속의 당신을 보면서 진정한 모습을 발견하면 된다. 물론 처음부터 그렇게 되지는 않겠지만 거울 속 당신이 좋지 않은 상황에 처해 있다면, 거울 속에서 어두운 표정의 자신을 발견하게 될 것이다.

어두운 표정을 유발하는 사람들 가운데는 웃어른일 수도 있고, 경쟁 상대, 또는 주차 위반 같은 사소한 교통법 위반으로 죄의식을 느끼게 하는 경찰관의 얼굴일 수도 있다.

당신이 공포와 불안, 절망 때문에 자아상을 보지 못하는 횟수가 늘어날수록 거울 속에 나타난 당신의 모습 안에 자리하고 있는 참모습을 점차로 발견하게 된다. 그러나 분명히 해두고 넘어가야 할 문제는 자기애(自己愛)를 키우는 것이 목적이 아니라는 사실이다. 왜냐하면 그럴 경우 자아도취 강화에 지나지 않을 뿐이고, 그것은 자신을 상처 내는 일이 될 뿐이기 때문이다.

거울 속의 당신을 향해 '나는 완전하고, 다른 사람보다 훌륭하다'고 들려주어서는 안 된다. 그런 행동은 자신을 허상에 빠지게 만들고 남에게 비웃음을 사게 될 뿐이다. 거울 주시는 이것저것 정신없는 생활의 흐름 속에서 당신의 육체상을 구출하는 방법이다.

육체상을 되찾음으로써 정서를 소생케 하고, 그것들을 현실적으로 연결시킴으로써 자신의 신체와 정신을 올바르게 만들고 창조적 생활과 정신적 풍요로 인해 타인과 자신에게 최선을 다하는 인간이 될 수 있다.

혹 자아도취와 정반대되는 것에도 빠져서는 안 되며

파괴적인 자기 비판에 빠져들어 가서도 안 된다는 것이다. 생김새는 당신을 완전히 만족시키지는 못하겠지만, 신체의 완벽함은 시간이 지나면 낡고 퇴색되기 때문에 그냥 있는 그대로를 받아들이는 것이 바람직한 일이다.

거울 주시의 목적은 자기 발견, 혹은 자기 재발견에 있다. 짓누르는 불안과 긴장에서 당신을 해방시키고 유아적인 공포를 떨쳐버린 다음, 자신의 얼굴을 잠시 응시하는 것이다. 얼굴이 비록 아름답거나 삶의 경험이 쌓인 성공한 사람의 얼굴이 아닐지라도, 그렇게 함으로써 성공으로 가는 길 위에 첫발을 내딛게 되는 것이다.

거울에 비친 당신의 얼굴 뒤에 있는 인간을 보고, 그의 진면목을 간파해야 생동감 있는 상을 유지할 수 있게 되는 것이다.

지구 궤도에 쏘아 올려진 인공위성이 몇 달이고 계속해서 지구의 둘레를 돌고 있는 것처럼 당신의 생활 궤도는 자아상의 인력에 묶여 있다. 그래서 새로운 사람들과 접하게 된다든지 새로운 상황 속에 빠져 힘들어졌다 하더라도, 자아상이 강력하다면 그것은 집같이 편안하게 느껴질 것이다. 그러나 자아상이 빈약하다면 사람들의 의견에 그저 순응하거나 뒤로 물러나 관망하는 자세가 됨으로써 주체적 인간상은 사라지게 될 것이다.

당신은 하나의 우주이다. 그리고 마음은 '내우주(內宇宙)'이다. 이 내우주를 탐험하고 파악해야 하는 것은 당연한 임무이다. 그것은 자신을 현실적, 정서적으로 육체와 정신을 모두 응시하는 것이다. 그리고 이제까지 실생활에서 가졌던 성공의 체험을 꺼내어, 당신 몸과 마음의 일부가 될 때까지 수없이 되풀이하여 회상하는 일이다.

매일 거울을 통해 몸을 바라보고, 마음속을 들여다보아 자아상을 강화시킴으로써 항상 마음속의 '내우주'를 강화하는 데 힘쓰자.

주의할 점은 과거로 되돌아가면 안 된다. 과거의 실수라든가 실패를 자꾸 떠올리는 것은 절대 금물이며 가차 없이 잘라서 시간의 궤도에 던져버리도록 하자. 거울을 들여다보면서 자신에게 이렇게 타일러라.
'앞으로 나가자! 다른 사람의 의견에 압도당하거나 질질 끌려다니는 바보짓은 하지 않을 것이다!'

매일 거울 앞에서 몇 분 동안 자기 자신에게 접근하는 방법을 계속한다면, 풍요로운 생활을 가꾸는데 필요한 자아상을 키워 나갈 수 있을 것이다.

오늘을 충실하게

LIVE YOUR FAITH

인생은 하루하루가 쌓여서 되는 것인 만큼, 단순하게 하루의 생활을 알차게 보내면 되는 것입니다. 따라서 당신은 과거의 실패라든가, 실망이라든가, 미래에 대한 불안을 잊어버리고 성실한 나날을 보내면 됩니다. 그것이 보람 있는 생활이라는 것이죠.

바깥 세계는 항상 위험하기 때문에
우리는 정신적으로 안정될 필요가 있다.

만일 당신이 '자아'에 대한 지각을 강화시킨다면 어떤 위험 속에서도 오랫동안 살아남을 것이다.

꽤 오래 전의 이야기이다. 50세의 소설가인 지인이 자동차 사고를 당한 적이 있었다. 그녀는 사고를 당하고 나서 성격이 완전히 바뀌어 버려 사람 만나기를 기피하면서 병적으로 침울해졌다. 나는 그녀에게 이렇게 말했다.

"잘 들어봐. 너는 지금 네 속에 틀어박혀 있어. 다시 말하면, 담 위에서 어디로 가야할지 오락가락하고 있는 거지. 그런데 언제까지 거기에만 있을 거야? 결국 어느 쪽인가로 뛰어 내려올 거 아냐? 그렇다면 어느 쪽이 너에게 바람직한 방향인지 잘 판단해서 당장 뛰어 내려와. 물론 너에게 쉬운 일이 아닐 거라는 걸 알지만 계속 이렇게 있을 순 없으니 당장 결정해. 그러지 않으면 안 돼."
그녀는 다행히 자기 자신을 되찾을 수 있었다. 물론 그녀가 어떤 내적 어려움을 극복 했는지 어떤 어려움을 겪었는지 모두 알 수는 없으나 그녀는 다시 소설을 쓰게 되었다. 나는 그렇게 어려운 고비를 잘 넘긴 그녀에게 아낌없는 박수를 보낸다.
내가 콜로라도의 덴버에서 강연했을 때, 강연이 끝난 다음 70세의 노인 한 분이 찾아왔다.
"선생님 말씀은 매우 유익한 얘기였습니다. 하지만 그것은 젊은이들에게나 해당되는 것이고, 나 같은 자투리 인생한테는 별로 도움이 안 되는 것이었습니다. 황혼인 나한테 그런 말씀이 무슨 소용 있겠습니까?"
나는 그 노인에게 이렇게 대답했다.
"자투리 인생이라고 하면, 70세이거나 7세이거나 인

간은 모두 자투리 인생이 아닐까요? 문제는 인생을 어떻게 보느냐에 있는 것입니다.

인생은 하루하루가 쌓여서 되는 것인 만큼, 하루의 생활을 알차게 보내면 되는 것입니다. 과거의 실패라든가, 실망이라든가, 미래에 대한 불안을 잊어버리고 성실한 나날을 보내면 됩니다. 그것이 보람 있는 생활이라는 것이죠.

지금 당장 시작해 주세요. 그리고 최선을 다한 다음, 결과를 받아드리는 것입니다. 당신에게는 남은 삶을 체념한다든가 기쁨을 단념하는 일 따위의 권리는 없습니다."

지속적인 갱생과 재생은 필수적인 것이다. 과거의 경험에 짓눌려 있으면 갱생은 불가능 하다.

갱생을 가능케 하는 것은 축적된 기억으로부터 자유로워지는 것뿐이며 현재 속에서가 아니라면 이해는 불가능하다.

현재를 이해하려면 비교하거나 판단하지 말아야 한다.
현재를 이해하지도 않은 채 현재를 변화시키거나 판단하려는 욕망은 과거를 현재까지 지속시킬 뿐이다. 왜곡시키지 않고 현재의 거울 속에 비친 과거의 모습을 이해해야만 갱생이 가능하다.

인생의 끝이 얼마가 남았던 간에
중요한 것은 현재, 지금 이 순간이다.
당신은 오늘을 충실히 살아야하며
그렇게 하는 것만이 심적으로
안정되는 길이다.

내 안의 행복찾기

1판 2쇄 발행 | 2012년 5월 1일

엮은이 | 편집부
펴낸이 | 윤다시
펴낸곳 | 도서출판 예가

주　소 | 서울시 영등포구 당산동 1가 191-10
전　화 | 02)2633-5462
팩　스 | 02)2633-5463
이메일 | yegabook@hanmail.net
블로그 | http://blog.daum.net/yegabook
등록번호 | 제 8-216호

ISBN 978-89-7567-541-6 13190

※ 잘못된 책은 바꿔드립니다.
※ 가격은 표지 뒷면에 있습니다.
※ 인지는 저자와의 합의하에 생략합니다.